कालिदास के ऋतुसंहार की छंद मीमांसा

प्रो. रत्नाकर नराले

BOOKS-INDIA.COM
पुस्तक भारती
Since 1990

Pustak Bharati, Toronto, Canada

Author :
Dr. Ratnakar Narale
Ph.D(IIT), Ph.D(Kalidas Sanskrit Univ.);
Prof. Hindi, Ryerson University, Toronto, Canada
web : www.pustak-bharati-canada.com
email : pustak.bharati.canada@gmail.com

Book Title : कालिदास के ऋतुसंहार की छंद मीमांसा
संस्कृत महाकवि कालिदास के **ऋतुसंहार** महाकाव्य की छंद मीमांसा.

Published by :
PUSTAK BHARATI (Books India)
Toronto, Ontario, Canada, M2R 3E4
email : pustak.bharati.canada@gmail.com

Copyright ©2022
ISBN 978-1-989416-60-0

ISBN 978-1-989416-60-0
90000
9 781989 416600

अनुक्रम

छन्द परिभाषा

जिस लक्षण सूत्र से पद्य के अक्षरों या मात्राओं का विशिष्ट **परिमाण** निश्चित् किया जाता है उसे **छन्द** कहते हैं (**अक्षरपरिमाणं छन्दः**), और पद्य की विशिष्ट **शब्द रचना** को **वृत्त** कहा जाता है (**काव्यरचना वृत्तम्**).

वर्ण की गिनती से **वार्णिक वृत्त** होते हैं, और मात्रा की गिनती से **मात्रिक छन्द** होते हैं.

राग रचना में लय-बद्धता जितनी अपरिहार्य होती है उतनी ही सूत्र-बद्धता छन्द रचना में अनिवार्य होती है.

मात्रा को मत्त, कल अथवा कला भी कहा जाता है.

दोहा॰ **तीन वर्ण का गण बने, लघु गुरु कल का ठाठ ।**
पिंगलमुनि ने गण कहे, न स ज य भ र त म आठ ।।

यथा सर्व ब्रह्माण्ड है, पंच भूत से व्याप्त ।
छंद शास्त्र भी है तथा, दश अक्षर से व्याप्त ।।

कल गति यति प्रति पाद में, और चरण का अंत ।
नियुक्त हों जिस पद्य में, वह कहलाता "छन्द" ।।

छन्द बद्ध वह "पद्य" है, बिना छंद है "गद्य" ।
गद्य पद्य मिल कर रचा, "चंपू" है वह हृद्य ।।

छन्द रचना की पद्य पंक्ति में जहाँ वैकल्पिक विश्राम समय होता है उसे **यति** कहते हैं । यति लेना या नहीं लेना यह पाठक पर अपनी **सुर सुविधा व लय** के अनुसार निर्भर होता है. जहाँ यति निर्देशित नहीं होता है वहाँ विश्राम स्थान चरण के अंत में होता है और गायक अपनी सुर सुविधा व लय के अनुसार यति के व्यतिरिक्त पंक्ति के बीच में भी विराम आयोजित कर सकता है.

सूत्र युक्त कृत पद्य को, कवि कहते हैं "छन्द" ।
अलंकार रस वर्ण का, मन को दे आनंद ।।

सुंदर लघु गुरु वर्ण का, चार चरण न समान ।
मात्रा संख्या सम जहाँ, "मात्रिक छन्द" प्रमाण ।।

लघु गुरु अक्षर क्रम जहाँ, चारों चरण समान ।
संख्या भी सम वर्ण की, "वर्णवृत्त" है नाम ।।

लक्षण, संख्या सम जहाँ, रहे चरण में चार ।
कहा उसे "सम वृत्त" है, करके छंद विचार ।।

प्रथम तीसरा सम जहाँ, दो अरु चार समान ।
उसे "अर्ध सम" है कहा, दोहा छंद प्रमाण ।।

चारों पद जिस पद्य के, लक्षण में असमान ।
"विषम वृत्त" उसको कहें, जिन्हें छंद का ज्ञान ।।

छंद:सूत्र

पिंगलाचार्य के छंद:सूत्र ग्रंथ को छंद:शास्त्र अथवा छंदोविचिती कहा जाता है. छंद:शास्त्र के आर्ष-काव्य के इतिहास में सबसे प्रारंभिक छंद अवतार था वाल्मीकि मुनि प्रणीत अष्टवर्ण का अनुष्टुप् छंद, जिसमें छठा वर्ण गुरु और पाँचवाँ वर्ण लघु होना अनिवार्य होता है. आगे चल कर :

1. अष्टाक्षरावृत्ति के अनुष्टुप् छंद वर्ग में विद्युन्माला छंद (म म ग ग), लक्ष्मी (र र ग ल), प्रमाणिका (ज र ल ग), विपुला छंद (भ र ल ल), गजगती छंद (न भ ल ग), तंग (न न ग ग), आदि 256-छंद समूह की उत्पत्ति हुई. विद्युन्माला छंद के उदाहरण के लिए संगीत श्रीकृष्णायन मोती 91 देखिए :

विद्युन्माला छंद

म म ग ग

ऽ ऽ ऽ ऽ ऽ ऽ ऽ ऽ

कंसारिपूजनम्

कंसध्वंसं दुष्टारिं तं, गोपीनाथं कृष्णं वन्दे ।

ऋत्वा पुष्पं तोयं धूपं, गन्धं क्षौद्रं नारीकेलम् ।। 1[1]

वन्दे सर्वज्ञं धातारं, देवेशं योगेशं श्रीशम् ।

गोपालं गोविन्दं विष्णुं, राधानन्दं गोपीनाथम् ।। 2

वन्दे सानन्दं श्रीकृष्णं, लक्ष्मीकान्तं भक्ताधीनम् ।

सर्वाधारं सर्वात्मानं, राधाप्राणं सर्वानन्दम् ।। 3

ऊरू जानू पादौ बाहू, कोष्ठं स्कन्धौ ग्रीवां कण्ठम् ।

वक्त्रं कर्णौ नेत्रे शीर्षं, जिह्वां चित्तं मे रक्षेत्सः ।। 4

2. नवाक्षरावृत्ति के बृहती छंद वर्ग में हलमुखी (र न स), महालक्ष्मी (र र र), शुभोदर (भ भ भ) आदि 512-छंद समूह निर्माण हुआ. हलमुखी छंद के उदाहरण के लिए संगीत श्रीकृष्णायन मोती 328 देखिए :

हलमुखी छंद

र न स

ऽ । ऽ । । । । ऽ

श्रीराम का गुरुकुल समापन

बैठके गुरुचरण में, ध्याइके सब स्मरण में ।

राम ज्ञान समझ लिया, क्षात्र-धर्म ग्रहण किया ।। 1

आज राम गुरुकुल से, आगये अवध पुर में ।

देख राम, दशरथ जी, मातु तीन मुदित भयी ।। 2

3. दशाक्षरवृत्ति के पंक्ति छंद वर्ग में मत्ता छंद (म भ स ग), मयूरी (र ज र ग), कामदा (र य ज ग), बाला (र र र ग), कीर्ति (स स स ग), चंपकमाला (भ म स ग), सारवती (भ भ भ ग), बिंदु (भ भ म ग), आदि 1024-छंद समूह निर्माण हुआ. मत्ता छंद के उदाहरण के लिए संगीत श्रीकृष्णायन मोती 32 देखिए :

---

[1] **क्षौद्रं** = मधु, शहद । **नारीकेलम्** = नारियल ।

मत्ता छंद

म भ स ग

ऽ ऽ ऽ ऽ । । । । ऽ ऽ

(लक्ष्मीनारायण स्तवन)

लक्ष्मीनाथा! परम पियारे! ।

दाता धाता जगत नियारे! ।। 1

तारो मोहे भवजल पारे ।

आया हूँ मैं चरण तिहारे ।। 2

4. एकादशाक्षरावृत्ति के त्रिष्टुप् छंद वर्ग में उपेंद्रवज्रा (ज त ज ग ग), शालिनी (म त त ग ग), वातोर्मि (म भ त ग ग), रथोद्धता (र न र ल ग), स्वागता (र न भ ग ग), द्रुता (र ज स ल ग), विध्यंकमाला (त त त ग ग), इंद्रवज्रा (त त ज ग ग), आदि 2048–छंद समूह निर्माण हुआ. उपेंद्रवज्रा छंद का सुंदर संस्कृत उदाहरण है पांडवगीता श्लोक 28 है :

उपेंद्रवज्रा छंद

ज त ज ग ग

। ऽ । ऽ ऽ । । ऽ । ऽ ऽ

त्वमेव माता च पिता त्वमेव ।

त्वमेव बंधुश्च सखा त्वमेव ।

त्वमेव विद्या द्रविह्मां त्वमेव ।

त्वमेव सर्वं मम देवदेव ।।

सुखस्य दुःखस्य न कोऽपि दाता ।

परो ददातीति कुबुद्धिरेषा ।

अहं करोमीति वृथाभिमानः ।

स्वकर्मसूत्रे गैत्तितो हि लोकः ।।

शालिनी छंद के हिंदी उदाहरण के लिए संगीत श्रीकृष्णायन का मोती 77 देखिए :

6

कालिदास के ऋतुसंहार की छंद मीमांसा

शालिनी छंद

म त त ग ग

$ऽ ऽ ऽ ऽ । ऽ ऽ । ऽ ऽ$

पनघट पर राधा गापी

कैसे लाए नीर ग्वालीन गोरी ।
कान्हा रोड़ी मार कामोर फोरी ।। 1
भीगी राधा की चुनैया गुलाबी ।
राधा गालों पे सजायी गुलाली ।। 2

5. द्वादशाक्षरावृत्ति के जगती छंद वर्ग में भुजंगप्रयात (य य य य), स्रग्विणी (र र र र), तोटक (स स स स), सारंग (त त त त), इंद्रवंशा (त त ज र), मणिमाला (त य त य), जलोद्धगति (ज स ज स), तामरस (न ज ज य), कुमुदविचित्रा (न य न य), तरलनयन (न न न न), आदि 4096-छंद समूह निर्माण हुआ.

भुजंगप्रयात छंद के उदाहरण के लिए संगीत श्रीकृष्णायन का मोती 141 देखिए :

भुजंगप्रयात छंद

य य य य

$। ऽ ऽ । ऽ ऽ । ऽ ऽ । ऽ ऽ$

सा रे-ग- म प-म-ग रे-म- ग रे- सा-

हिंदी

आत्मा

न जन्मा, न आरंभ, तेरा कहीं से ।
सदा साथ होते न, जाना किसी ने ।। 1
न आया कहीं से, न जाता कहीं है ।
निराधार आत्मा, जहाँ था वहीं है ।। 2
कटे ना, जले ना, गले ना, झुरे ना ।

वही आतमा है निराकार जाना ।। 3
सभी के दिलों में बसा एक देही ।
अनेकों घटों का कहा एक गेही ।। 4

संस्कृत

निष्काम

सारे– <u>ग</u>–मप– म–<u>ग</u> रे–म– <u>ग</u> रे–सा–
बिना–वासनां यस्य सर्वं हि कार्यम् ।
अनिन्दा च निन्दा च सर्वं समं यम् ।
न बध्नाति तं कर्म कृत्वाऽपि सर्वम् ।
स जानाति त्यागं च निष्कामयोगम् ।।

6. त्रयोदशाक्षरावृत्ति के अतिजगती छंद वर्ग में प्रहर्षिणी (म न ज र ग),
कन्दुक (य य य य ग), कन्द (य य य य ल), तारक (स स स स ग),
आदि 8192–छंद समूह निर्माण हुआ।

प्रहर्षिणी छंद के उदाहरण के लिए संगीत श्रीरामायण का मोती 378
देखिए :

प्रहर्षिणी छंद

म न ज र ग

ऽ ऽ ऽ । । । । । ऽ । ऽ । ऽ ऽ

दशरथ प्रयाण

सीता को रघुपति ने कहा, विदेही! ।
देहों के सम मरता कभी न देही ।। 1
चोला है दशरथ ने तजा पुराना ।
लेने को अपर शरीर में ठिकाना ।।

7. चतुर्दशाक्षरावृत्ति के शर्करी छंद वर्ग में वसंततिलका (त भ ज ज ग
ग), असंबाधा (म त न स ग ग), कुटिल (स भ य ग ग), आदि 16384–छंद
समूह निर्माण हुआ।

कालिदास के ऋतुसंहार की छंद मीमांसा

वसंततिलका छंद के सुंदर उदाहरण के लिए संगीत श्रीकृष्णायन का मोती 129 देखिए :

वसंततिलका छंद

त भ ज ज ग ग

ऽ ऽ । ऽ । । । ऽ । । ऽ । ऽ ऽ

सा–नि़–सा रे– रेस रेग–, मग रे–ग रे–सा–

(अर्जुन का विषाद)

कौन्तेय ने जब लखे, प्रिय बंधु आगे ।
खोये हवास उसके, अरु होश भागे ।।
बोला, विषाद–युत वो, "शर ना धरूँगा ।
चाहे, जनार्दन! यहाँ, रण में मरूँगा" ।।

अनुप्रास उदाहरण

ऽ ऽ । ऽ । । । ऽ । । ऽ । ऽ ऽ

सा–नि़–सा रे–रेसारे ग–, मग रे–ग रे–सा–

दैवी संपदा

सद्धर्म से सजित जो, शुचि सत्य श्रद्धा ।
सद्भाव सुकृत सही, सहसाधना से ।।
स्वाध्याय के सहित जो, सब सर्वदा ही ।
दैवी कही सकल वो, सत्–संपदा है ।।

संस्कृत उदाहरण

ऽ ऽ । ऽ । । । ऽ । । ऽ । ऽ ऽ

सा–नि़– सारे–रे सारेग– म गरे–ग रे–सा–

जटायुविलापः

रामं जटायुविहगः स उवाच दुःखी ।
यानेन भोः अपहृता दनुजेन देवी ।।
खड्गेन राम समितौ मम पक्ष्म छित्वा ।
मार्गेण दक्षिणदिशा च पलायितः सः ।।

9

8. <u>पंचदशाक्षरावृत्ति</u> के अतिशर्करी छंद वर्ग में चामर (र ज र ज र), चंद्रकांता (र र म स य), नलिनी (स स स स स), मालिनी (न न म य य), शशिकला (न न न न स), आदि 32798-छंद समूह निर्माण हुआ.

चामर छंद के उदाहरण के लिए संगीत श्रीकृष्णायन का मोती 190 देखिए:

चामर छंद

र ज र ज र

ऽ । ऽ । ऽ । ऽ । ऽ । ऽ । ऽ । ऽ

द्वंद्व–भाव

राग क्रोध दुःख मोद, लाभ–हानि द्वंद्व हैं ।
श्वेत कृष्ण शीत उष्ण, द्वंद्व राग रम्य है ।। 1
जन्म–मृत्यु पाप पुण्य, शत्रु मित्र अन्य हैं ।
जो न द्वंद्व–भाव मुग्ध, सो महान धन्य है ।। 2

9. षोडषाक्षरावृत्ति के अष्टि छंद वर्ग में पंचचामर (ज र ज र ज ग), नील (भ भ भ भ भ ग), अचलधृति (न न न न न ल), आदि 65536-छंद समूह निर्माण हुआ.

पंचचामर छंद के उदाहरण के लिए संगीत श्रीरामायण का मोती 445 देखिए:

पंचचामर छंद

ज र ज र ज ग

। ऽ । ऽ । ऽ । ऽ । ऽ । ऽ । ऽ । ऽ

सेतु बंधन

लिखे चलो, लिखे चलो, पवित्र नाम राम का ।
अटूट यत्न से बने समुद्र सेतु अश्म का ।। 1
बढ़े चलो, बढ़े चलो, बड़ा महान काम है ।
सिया अशोक बाग में जपे अखंड नाम है ।। 2

10. सप्तदशक्षरावृत्ति के अत्यष्टि छंद वर्ग में पृथ्वी (ज स ज स य ल ग), शिखरिणी (य म न स भ), मंदाक्रांता (म भ न त त ग ग), हरिणी (न स म र स ल ग), आदि 131072-छंद समूह निर्माण हुआ.
पृथ्वी छंद के उदाहरण के लिए संगीत श्रीकृष्णायन का मोती 25 देखिए:

1. पृथ्वी छंद

ज स ज स य ल ग

। ऽ । । । ऽ । ऽ । । । ऽ । ऽ ऽ । ऽ

मप- धपमग- गम-पमगरे- सारे- मगरे सा-

व्यासवन्दनम्

महाकविवरो रविर्मतिमयो मुने व्यास त्वम् ।
त्वया विरचितं गुरो सुललितं बृहद्वाङ्मयम् ।। 1
तथा च लिखितं सनातनकृतं महाभारतम् ।
करोमि नमनं प्रभुं परमव्यासद्वैपायनम् ।। 2

हिंदी पद्य

कैकई का हर्ष

चले विपिन में, सिया लखन को, लिये राम जी ।
दुखी जनन हैं, सभी अवध के, हँसे कैकई ।। 1
कहे, भरत को, करूँ नृपति मैं, जभी आयगा ।
बिना हरि-सिया, सुखी अवध ये, मुझे भायगा ।। 2

2. शिखरिणी छंद

। ऽ ऽ ऽ ऽ ऽ । । । । । ऽ ऽ । । । ऽ

साग-नि़-सा- रेगरे- सारेगपमगरे ग-रेगरे सा-

संस्कृत

सीता उपलब्धि

कपिर्ब्रूते रामं नलिनिनयनं मङ्गलवचः ।
प्रभो! श्रीवैदेही दशमुखवने शोकव्यथिता ।। 1
तदा श्रीरामस्तं मधुरवचनैराह प्लवगम् ।

11

कपे! त्वं मे भ्राता प्रियतरसखा दासपरमः ।। 2

हिंदी

सीता मिल गयी

सागः- नि़-सा-रेग रे-, सारेगपम गरे ग-रेग रेसा-

कहा वज्रांगी ने, अवधपति को वन्दन किये ।

रघो! श्री सीता हैं, असुर-वन में व्यग्र दुखिता ।। 1

सिया-भर्ता बोले, पवन-सुत को आशिष दिये ।

सखा तू है मेरा, प्रिय अनुज भी लक्ष्मण यथा ।। 2

3. मन्दाक्रान्ता सवैया छंद

इस अत्यष्टि छन्द के चरण में 17 वर्ण, 27 मात्रा होती हैं । इसमें म भ न त त गण आते हैं और अन्त में दो गुरु अक्षर होते हैं. इसका लक्षण सूत्र ऽ ऽ ऽ, ऽ।।, ।।।, ऽ ऽ।, ऽ ऽ।, ऽ ऽ इस प्रकार होता है. इसके 4, 6, 7 वे वर्ण पर यति विकल्प से आता है. महाकवि कालिदास का मेघदूत महाकाव्य इसी छंद में ढला है. मन्दाक्रान्ता छंद के उदाहण के लिए देखिए हमारे श्रीकृष्णायन का मोती 96.

लक्षण गीत दोहा

जहाँ म भ न त त आदि में, दो गुरु मात्रा अंत ।

सम वार्णिक यह वृत्त है, "मन्दाक्रान्ता" छन्द ।।

मन्दाक्रान्ता सवैया छंद

ऽ ऽ ऽ ऽ । । । । । ऽ ऽ । ऽ ऽ । ऽ ऽ

श्रीकृष्णवन्दनम्

रे-गरेसा-रे- मगरेसारेग- रे-गम-ग- रेग-रे- ।

ग-ग-ग-ग- मममममम- म-पम- प-मग-रे- ।।

सा-सा-सा-सा- रेरेरेरेरेरे- म-पम- प-मग-म- ।

गरेसा- रे-ग- मममगरेग-, रे-गम-प-मग-रेसा- ।।

गोपीनाथं कमलनयनं नन्दनन्दं मुकुन्दम् ।

लक्ष्मीकान्तं परमशरणं माधवं चक्रपाणिम् ।। 1

श्रीयोगेशं गरुडवहनं केशवं पद्मनाभम् ।

वन्दे कृष्णं कलुषदहनं विघ्नसंहारकारम् ।। 2

(श्रीकृष्णायन मोती 96)

11. अष्टादशक्षरावृत्ति के धृति छंद वर्ग में हरिणीलुप्ता (म स ज ज भ र), चित्रलेखा (म भ न य य य), शार्दूल (म स ज स र म), आदि 262144-छंद समूह निर्माण हुआ.

हरिणीलुप्ता छंद का छंद प्रभाकर पृ. 185 से उदाहरण देखिए:

हरिणीलुप्ता छंद

म स ज ज भ र

ऽ ऽ ऽ । ऽ । ऽ । । ऽ । ऽ । । ऽ । ऽ

मैं साजो जु भरो घड़ा, तट में लख्यो हरिण-लुप्ता ।

क्रीड़ावन्त हरो भरो, विलसै तहाँ, हरिणो युता ।।

कस्तूरी त्यहि नाभि जो, तिहि सों सजैं, निज आननै ।

हे आली तिहि क्यों बधैं, हठ धारिकै, नृप काननै ।।

12. ऊनविंशत्यक्षरावृत्ति के अतिधृति छंद वर्ग में शादूलविक्रीड़ित (म स ज स त त ग), मेधविस्फूर्जिता (य म न स र र ग), छाया (य म न स त त ग), मकरंदिका (य म न स ज ज ग), आदि 524288-छंद समूह निर्माण हुआ.

शादूलविक्रीड़ित छंद के उदाहरण के लिए संगीत श्रीरामायण का मोती 302 देखिए :

शादूलविक्रीड़ित छंद

म स ज स त त ग

ऽ ऽ ऽ । । ऽ । ऽ । । । ऽ ऽ ऽ । ऽ ऽ । ऽ

सा- रे-ग-मग रे-, गम-पम गरे- ग- प- मग- म-ग रे-

वाल्मीकि रामायण

जो रत्नाकर[2] को, महाकवि किया, वो है कृपा नाम की ।
श्रीवाल्मीक रची अनुष्टुप् कथा, वो है दया राम की ।। 1
श्रीरामायण में सती बड़ कही, वो है सिया, राम की ।
जो सर्वोत्तम है प्रभा, भँवर में, वो है हनूमान की ।। 2

13. विंशत्यक्षरावृत्ति के कृति छंद वर्ग में सुवदना (म र भ न य भ ल ग), गीतिका (स ज ज भ र स ल ग), मत्तेभविक्रीड़ित (स भ र न म य ल ग), आदि 10448576–छंद समूह निर्माण हुआ.

सुवदना छंद के उदाहरण के लिए संगीत श्रीरामायण का मोती 343 देखिए:

सुवदना छंद

म र भ न य भ ल ग

ऽ ऽ ऽ ऽ । ऽ ऽ । । । । । । ऽ ऽ ऽ । । । ऽ

राम का राजतिलक

बोले मंत्रीसभा में दशरथ, युवराजा आज चुनिये ।
बूढ़ा मैं हो चुका हूँ, अब जनमत में देरी न करिये ।। 1
कौशल्या मातु बोली, सद् गुण सब हैं मेरे तनय में ।
कैकेयी ने कहा, अग्रज हरिहर है, वो ही कुँवर है ।। 2
बोली रानी सुमित्रा, हरि मुनिमन है राजा वह बने ।
मंत्री बोले, हमारा तन–मन प्रिय जो है राम, चुनिये ।। 3
बोला सौमित्र, मेरा हरि सुख बल सोता प्राण तरु है ।
स्वामी आदेश से, चंदन तिलक लगाया राजगुरु ने ।। 4

14. एकविंशत्यक्षरावृत्ति के प्रकृति छंद वर्ग में स्रग्धरा (म र भ न य य य), सरसी (न ज भ ज ज ज र), आदि 2097152–छंद समूह निर्माण हुआ.

---

[2] रत्नाकर = रत्नाकर डाकू । म्हाकवि = वाल्मीकि

स्रग्धरा छंद के उदाहरण के लिए संगीत श्रीरामायण का मोती 406 और श्रीकृष्णातन का मोती 173 देखिए:

स्रग्धरा छंद

म र भ न य य य

S S S S I S S I I I I I I S S I S S I S S

राम विलाप

सीते सीते! पुकारे, उस घन वन में, राम आँसू बहायो ।

वैदेही! तू कहीं है, छुप कर चुप या, दैत्य तोहे भगायो ।। 1

पंछी! पेड़ों! बताओ, गगन पवन भो:! दार मेरी कहाँ है ।

बोला पक्षी जटायू, असुर जित उड़ा, नार तोरी वहाँ है ।। 2

गीता के छह योग

स्रग्धरा छंद

म र भ न य य य

S S S S I S S I I I I I I S S I S S I S S

कीन्हा जो कार्य इच्छा तज कर फल की, कर्म का योग जाना ।

कर्ता दूजा नहीं है अतुल गुण सिवा, ज्ञान का योग माना ।। 1

आत्मा का ज्ञान देही अजर अमर का, सांख्य है योग जाना ।

मित्रारी[3] द्वंद्व में जो नित सम मति वो, बुद्धि का योग माना ।। 2

आस्था से कार्य सारा अविचल करना, भक्ति का योग जाना ।

ध्येयोक्ता कार्य माला अविरत करना, योग अभ्यास माना ।। 3

15. द्वाविंशत्यक्षरावृत्ति के आकृति छंद वर्ग में मंदारमाला (त त त त त त त ग), महास्रग्धरा (स ज त न स र र ग), मदिरा सवैया (भ भ भ भ भ भ भ S), आदि 4194304-छंद समूह निर्माण हुआ. 22 से 26 वर्ण वाले छंद प्रकार को सवैया कहा जाता है. सवैया छंद के अन्त

---

[3] **मित्रारी** = न॰ मित्र + पु॰ अरि = द्वंद्व समास द्वितीया द्विवचन = मित्रारी ।

प्रकार हैं : अरविंद, अरसात, किरीट, गंगोदक, दुर्मिल, मत्तगयंद, महाभुजंगप्रयात, मानिनी, मुक्तहरा, वाम, सुंदरी, सुमुखी और सुखी. मंदारमाला छंद के उदाहरण के लिए संगीत श्रीरामायण का मोती 8 देखिए:

मंदारमाला छंद

त त त त त त त ग

ऽ ऽ । ऽ ऽ । ऽ ऽ । ऽ ऽ । ऽ ऽ । ऽ ऽ । ऽ ऽ । ऽ

सा–रे– गरे– प–मग–रे–म–ग– ध–पम–प– मग– म–गरे– ग–रेसा–

मंगलाचरणम्

वन्दे शिवं पार्वतीवल्लभं नीलकण्ठं हरं मङ्गलं शङ्करम् ।। 1
लम्बोदरं पीतपीताम्बरं चण्डिकानन्दनं श्रीगणेशं शुभम् ।। 2

कादम्बरीं ज्ञानदेवीं भजे भारतीं वैखरीं शारदामातरम् ।। 3
राधावरं कृष्णगोवर्धनं माधवं केशवं श्यामलं सुन्दरम् ।। 4

सीतापतिं रामभद्रं हरिं रामचन्द्रं रघुं जानकीवल्लभम् ।। 5
वातात्मजं मारुतिं व्यङ्कटं रुद्ररूपं कपिं रामदूतं वरम् ।। 6

16. त्रयोविंशत्यक्षरावृत्ति के विकृति छंद वर्ग में मत्तगयंद अथवा मालति सवैया (भ भ भ भ भ भ भ ऽ ऽ), चकोर सवैया (भ भ भ भ भ भ भ ऽ ।), सुमुखी सवैया (ज ज ज ज ज ज ज । ऽ), आदि 8388608–छंद समूह निर्माण होता है. मत्तगयंद के दो लोकप्रिय उदाहण देखिए :

मत्तगयंद सवैया छंद

ऽ । । ऽ । । ऽ । । ऽ । । ऽ । ऽ । । ऽ । । ऽ ऽ

हे शिव शंकर सर्प रहे सिर, अंग हिमालय आलय तेरा ।
शीष झुकाकर बंदन चंदन, है चरणों पर मस्तक मेरा ।।
चाहत है अब गंग धुले सब, पाप करें मन में खग डेरा ।
पावन है शिव धाम सुनें जग, राहत का हल दें वह घेरा ।।

भारत में अब सैनिक चाहत, देश सदा पथ निर्मल छाँव ।

कंटक काट करें अब रक्षण, चाल चले मत दुर्बल पाँव ।

देव भजे जग जाग रखें हम, पावन गंग सदा जल नाँव ।

सुंदर हो परिवेश जहाँ तट, शान करें हम पा हल दाँव ।।

17. चतुर्विंशत्यक्षरावृत्ति के संस्कृति छंद वर्ग में दुर्मिल सवैया छंद (स स स स स स स स), किरीट सवैया (भ भ भ भ भ भ भ भ), अरसात सवैया (भ भ भ भ भ भ भ ऽ । ऽ), लवंगलता (ज ज ज ज ज ज ज ज ।), आदि 16777216-छंद समूह निर्माण होता है. दुर्मिल और किरीट सवैया छंद के लोकप्रिय उदाहण देखिए :

दुर्मिल सवैया छंद

। । ऽ । । ऽ । । ऽ । । ऽ । । ऽ । । ऽ । । ऽ । । ऽ

निरखें नभ से सुख से सुर हैं, प्रभु राम चले गृह से वन को ।

पद चिन्ह गहे सुकुमारि चले, अरु भ्रात निहारत पावन को ।

मुसुकाति चले वनवास सिया, परखे मन मोहक सावन को ।

पगलाय रहे वन के बसिया, अब देख वहाँ मन भावन को ।।

किरीट सवैया

ऽ । । ऽ । । ऽ । । ऽ । । ऽ । । ऽ । । ऽ । । ऽ । ।

दो प्रभु दान दया मुझको अब, सेवक मांगत शीष नवाकर ।

चाहत है बस दान दया निधि , पास रहे नित मंगल आकर ।।

है विनती मम एक सुनो अब, दास कहे दर नाथ सुनाकर ।

दो वरदान सदा रह सेवक , सेव करूँ बस माथ झुकाकर ।।

18. पंचविंशत्यक्षरावृत्ति के अतिकृति छंद वर्ग में सुंदरी सवैया (स स स स स स स स ऽ), आदि 33554432-छंद समूह निर्माण होता है. सुंदरी

सवैया छंद का लोकप्रिय उदाहण देखिए :

सुंदरी सवैया

। । ऽ । । ऽ । । ऽ । । ऽ । । ऽ । । ऽ । । ऽ । । ऽ ऽ

पद कोमल स्यामल गौर कलेवर राजन कोटि मनोज लजाए ।
कर वान सरासन सीस जटासरसीरुह लोचन सोन सहाए ।
जिन देखे रखी सतभायहु तै, तुलसी तिन तो मह फेरि न पाए ।
यहि मारग आज किसोर वधू, वैसी समेत सुभाई सिधाए ।।

19. **षड्विंशत्यक्षरावृत्ति** के उत्कृति छंद वर्ग में कुन्दलता सवैया (स स स स स स स स । ।), महामंजीर सवैया (स स स स स स स स । ऽ), आदि 67108864-छंद समूह निर्माण होता है. कुन्दलता छंद का लोकप्रिय उदाहण देखिए :

कुन्दलता सवैया

। । ऽ । । ऽ । । ऽ । । ऽ । । ऽ । । ऽ । । ऽ । । ऽ । ।

जब साजन ने सजनी निरखी, परखी कहता रस सी लगती कुछ ।
नथनी नग भी चमके झलके, झुमकी झलकी हिलती कहती कुछ ।।
पग पायल घायल है करती, सुर ताल सरासर भी मिलती कुछ ।
परखे निरखे मम प्रीतम ही, सजनी तब ही रजनी सजती कुछ ।।

20. **षड्विंशत्याधिकाक्षरावृत्ति** (26 से अधिक अक्षरों) वाले छंद को **दण्डक** वार्णिक छंद कहा जाता है.

ऋतुसंहार महाकाव्य के छंद

कविश्रेष्ठ श्री कालिदास के ऋतुसंहार महाकाव्य में वंशस्थ (15.3.1), मालिनी, उपेंद्रवज्रा (15.3.4), वसंततिलका और शार्दूलविक्रीडित छंद इस अनुक्रम में पाए जाते हैं.

1. वंशस्थ छंद

ज त ज र

जतौ तु वंशस्थमुदीरितं जरौ (पिंगल 6.28). वंशस्थ छंद का सूत्र है ज त ज र । ऽ ।, ऽ ऽ ।, । ऽ ।, ऽ । ऽ. इस प्रकार इस छंद में 4 गण के 12 वर्ण की 18 मात्राएँ आती हैं. इस छंद के अन्य नाम हैं वंशस्थविल, इन्दुमा, उपमेया, वैधात्री और अभ्रवम्. शास्त्रोक्त उदाहरण के लिए गीता (15.3.1) में जतजर सूत्र का निम्नांकित चरण पाया जाता हैं.

कालिदास के शकुन्तला में आने वाले जतजर छंद का उदाहरण

गण	गण सूत्र	चरण प्रतीक	श्लोक संदर्भ
जतजर	।ऽ।, ऽऽ।, ।ऽ।, ऽ।ऽ	इदं किलाव्याजमनोहरं वपुः	1.18.1
जतजर	।ऽ।, ऽऽ।, ।ऽ।, ऽ।ऽ	तपःक्षमं साधयितुं य इच्छति	1.18.2
जतजर	।ऽ।, ऽऽ।, ।ऽ।, ऽ।ऽ	ध्रुवं स नीलोत्पलपत्रधारया	1.18.3
जतजर	।ऽ।, ऽऽ।, ।ऽ', ऽ।ऽ	शमीलतां छेतुमृषिर्व्यवस्यति	1.18.4

2. इन्द्रवज्रा छंद

त त ज ग ग

ऽऽ।, ऽऽ।, ।ऽ।, ऽऽ

इन्द्रवज्रा ततजास्ततौ गौ. यह 11 अक्षरों की 18 मात्राओं वाला एक सन

वर्णवृत्त का छंद है. इसका गण सूत्र त त ज ग ग ऽ ऽ ।, ऽ ऽ ।, । ऽ ।, ऽ ऽ है. इस छंद में 5:6 पर यति आता है. इन्द्रवज्रा छंद के शास्त्रोक्त इंद्रवज्रा के उदाहरण के लिए देखते हैं गीता का चरण 15.5.1–4

ततजगग	ऽऽ।, ऽऽ।, ।ऽ।, ऽऽ	निर्मानमोहा जितसङ्गदोषा	15.5.1
ततजगग	ऽऽ।, ऽऽ।, ।ऽ।, ऽऽ	अध्यात्मनित्या विनिवृत्तकामाः ।	15.5.2
ततजगग	ऽऽ।, ऽऽ।, ।ऽ।, ऽऽ	द्वन्द्वैर्विमुक्ताः सुखदुःखसंज्ञैः	15.5.3
ततजगग	ऽऽ।, ऽऽ।, ।ऽ।, ऽऽ	गच्छन्त्यमूढाः पदमव्ययं तत् ।।	15.5.4

3. उपेंद्रवज्रा छंद

ज त ज ग ग

।ऽ।, ऽऽ।, ।ऽ।, ऽऽ

उपेन्द्रवज्रा जतजास्ततौ गौ. इन्द्र भगवान के छोटे बंधु उपेंद्र देव याने वामन (भागवत पुराण 10.3.42, वायु पु. 98.8, ब्रह्माण्ड पु. 3.21.59) के नाम पर रखा गया यह 11 अक्षरों की 17 मात्राओं वाला एक सम वर्णवृत्त का छंद है. इसका गण सूत्र ज त ज ग ग । ऽ ।, ऽ ऽ ।, । ऽ ।, ऽ ऽ है. इस छंद का अन्य नाम है उपस्थिता छंद. इस छंद में 5:6 पर यति आता है.

उपेन्द्रवज्रा छंद के शास्त्रोक्त उदाहरण के लिए देख सकते हैं गीता का चरण 11.29.1–4.

गीता में आने वाले जतजगग छंद का उदाहरण

जतजगग	।ऽ।, ऽऽ।, ।ऽ।, ऽऽ	यथा प्रदीप्तं ज्वलनं पतङ्गा	11.29.1
जतजगग	।ऽ।, ऽऽ।, ।ऽ।, ऽऽ	विशन्ति नाशाय समृद्धवेगाः ।	11.29.2
जतजगग	।ऽ।, ऽऽ।, ।ऽ।, ऽऽ	तथैव नाशाय विशन्ति लोकाः	11.29.3
जतजगग	।ऽ।, ऽऽ।, ।ऽ।, ऽऽ	तवापि वक्त्राणि समृद्धवेगाः ।।	11.29.4

3. मालिनी छंद

न न म य य

। । ।, । । ।, ऽ ऽ ऽ, । ऽ ऽ, । ऽ ऽ

मालिनी छंद के 5 गणों में 15 अक्षरों की 22 मात्राएँ आती हैं. इसका सूत्र है न न म य य । । ।, । । ।, ऽ ऽ ऽ, । ऽ ऽ, । ऽ ऽ. मालिनी के 15 वर्णों में 22 मात्राएँ प्रयुक्त होती हैं. इस छंद में 8:7 पर यति आता है. इस छंद को मंजु–मालिनी छंद भी कहा जाता है.

मालिनी छंद के शास्त्रोक्त उदाहरण के लिए देख सकते हैं शंकराचार्य के विविकचूडामणि का 1.41 वाँ पद्य.

विवेकचूडामणि में आने वाले न न म य य छंद का उदाहरण

न न म म य य	।।।, ।।।, ऽऽऽ, ।ऽऽ, ।ऽऽ	विषमविषयमार्गैर्गच्छतोऽनच्छबुद्धेः	83.1
न न म म य य	।।।, ।।।, ऽऽऽ, ।ऽऽ, ।ऽऽ	प्रतिपदमभियातो मृत्युरप्येष विद्धि	83.2
न न म म य य	।।।, ।।।, ऽऽऽ, ।ऽऽ, ।ऽऽ	हितसुजनगुरुक्त्या गच्छतः स्वस्य युक्त्या	83.3
न न म म य य	।।।, ।।।, ऽऽऽ, ।ऽऽ, ।ऽऽ	प्रभवति फलसिद्धिः सत्यमित्येव विद्धि	83.4

4. वसंततिलका छंद

त भ ज ज ग ग

ऽ ऽ ।, । ऽ ऽ, । ऽ ।, । ऽ ।, ऽ ऽ

उक्ता वसंततिलका तभजा जगौ गः । इस सम वार्णिक छंद का सूत्र है त भ ज ज ग ग ऽ ऽ ।, । ऽ ऽ, । ऽ ।, । ऽ ।, ऽ ऽ. इन छह गणों में 14 वर्णों की 22 मात्राएँ आती हैं. इस छंद में 8:6 पर यति आता है. इस छंद के अन्य नाम हैं सिंहोद्धता और इंदु.

वसंततिलका छंद के शास्त्रोक्त उदाहरण के लिए देख सकते हैं शंकराचार्य के विविकचूडामणि का 1.93 वाँ पद्य.

विवेकचूडामणि में आने वाले त भ ज ज ग ग छंद का उदाहरण

त भ ज ज ग ग	ऽऽ।, ऽ।।, ।ऽ।, ।ऽ।, ऽऽ	स्थूलस्य संभवजरामरणानि धर्माः	93.1
त भ ज ज ग ग	ऽऽ।, ऽ।।, ।ऽ।, ।ऽ।, ऽऽ	स्थौल्यादयो बहुविधाः शिशुताद्यवस्थाः	93.2
त भ ज ज ग ग	ऽऽ।, ऽ।।, ।ऽ।, ।ऽ।, ऽऽ	वर्णाश्रमादिनियमा बहुधामयाः स्युः	93.3
त भ ज ज ग ग	ऽऽ।, ऽ।।, ।ऽ।, ।ऽ।, ऽऽ	पूजावमानबहुमानमुखा विशेषाः	93.4

5. शार्दूलविक्रीडित छंद

म स ज स त त ग

ऽऽऽ, ।।ऽ, ।ऽ।, ।।ऽ, ऽऽ।, ऽऽ।, ऽ

सूर्याश्वैर्यदिमः सजौ सततगाः शार्दूलविक्रीडितम् । इस सम वार्णिक छंद के चारों चरणों में 19 वर्ण की 30 मात्राएँ आती हैं. इसका सूत्र है म स ज स त त ग ऽऽऽ, ।।ऽ, ।ऽ।, ।।ऽ, ऽऽ।, ऽऽ।, ऽ. इस छंद में 12:7 पर यति आता है.

शार्दूलविक्रीडित छंद के शास्त्रोक्त उदाहरण के लिए देख सकते हैं शंकराचार्य के विविकचूडामणि का 1.41 वाँ पद्य.

विवेकचूडामणि में आने वाले मसजसततग छंद का उदाहरण

मसजसततग	ऽऽऽ, ।।ऽ, ।ऽ।, ।।ऽ, ऽऽ।, ऽऽ।, ऽ	ब्रह्मानन्दरसानुभूतिकलितैः पूर्तैः सुशीतैर्युतैः	41.1
मसजसततग	ऽऽऽ, ।।ऽ, ।ऽ।, ।।ऽ, ऽऽ।, ऽऽ।, ऽ	युष्मद्वाक्कलशोज्झितैः श्रुतिसुखैर्वाक्यामृतैः सेचय	41.2
मसजसततग	ऽऽऽ, ।।ऽ, ।ऽ।, ।।ऽ, ऽऽ।, ऽऽ।, ऽ	संतप्तं भवतापदावदहनज्वालाभिरेनं प्रभो	41.3
मसजसततग	ऽऽऽ, ।।ऽ, ।ऽ।, ।।ऽ, ऽऽ।, ऽऽ।, ऽ	धन्यास्ते भवदीक्षणक्षणगतेः पात्रीकृताः स्वीकृताः	41.4

१

ऋतुसंहार प्रथम सर्ग

ग्रीष्म ऋतु

(यक्ष उवाच)

दोहा॰ **यक्ष एक कोई सखा, वियोग में जब दूर ।**
कहता है, हे यक्षिणी! उचाट चित्त-मयूर ।।

॥ अथ ग्रीष्मः ॥

1.1

प्रचण्डसूर्यः स्पृहणीयचन्द्रमाः सदावगाहक्षतवारिसञ्चयः ।
दिनान्तरम्योऽभ्युपशान्तमन्मथो निदाघकालः समुपागतः प्रिये ॥

ज त ज र वंशस्थ छंद

प्रचण्ड	सूर्यःस्पृ	हणीय	चन्द्रमाः[1]
। ऽ ।[1]	ऽ ऽ ।	। ऽ ।	ऽ । ऽ
सदाव	गाहक्ष[2]	तवारि	सञ्चयः[2]
। ऽ ।	ऽ ऽ ।	। ऽ ।	ऽ । ऽ
दिनान्त	रम्योऽभ्यु[3]	पशान्त	मन्मथो[3]
। ऽ ।	ऽ ऽ ।	। ऽ ।	ऽ । ऽ
निदाघ	कालःस	मुपाग	तःप्रिये
। ऽ ।	ऽ ऽ ।	। ऽ ।	ऽ । ऽ

पाद टिप्पणियाँ :

1. वंशस्थ छंद को सिद्ध करने के लिए इस पद्य की पहली पंक्ति में प्रथम लघु अक्षर च के आगे संयुक्त अक्षर ण्ड और दूसरे लघु अक्षर च के आगे संयुक्त अक्षर न्द्र आने से इन दोनों लघु अक्षर च की लघु मात्राएँ दीर्घ सिद्ध हुई हैं.
2. इस छंद की दूसरी पंक्ति में लघु अक्षर ह के आगे संयुक्त अक्षर क्ष और लघु अक्षर स के आगे संयुक्त अक्षर ञ्च आने से अक्षर ह और स की लघु मात्राएँ दीर्घ सिद्ध हुई हैं.
3. इस पद्य की तीसरी पंक्ति में लघु अक्षर र के आगे संयुक्त अक्षर म्य और लघु अक्षर म के आगे संयुक्त अक्षर न्म आने से अक्षर र और म की लघु मात्राएँ दीर्घ सिद्ध हुई हैं, और इस यह तरह से वंशस्थ छंद का प्रथम पद्य सिद्ध किया गया है.

(हे खुशहाल यक्षिणी!)

दोहा॰

ग्रीष्म निकट है आ चुका, मौसम उष्ण प्रचंड ।
सूर्य बहुत है तप रहा, प्रखर रूप से चंड ।।

सबको चंद्राऽलोक की, उपलब्धी की आश ।
शमित करे जो चित्त को, शीतल चंद्र प्रकाश ।।

मन कहता नद नीर में, करूँ निरंतर स्नान ।
नीर वहाँ भी घट गया, मुश्किल है जल पान ।।

सुषमा सायंकाल की, आती फिर-फिर याद ।
रति की इच्छा क्षीण है, दिन भर लू के बाद ।।

1.2

निशाः शशाङ्कक्षतनीलराजयः क्वचिद्विचित्रं जलयन्त्रमन्दिरम् ।
मणिप्रकाराः सरसं च चन्दनं शुचौ प्रिये यान्ति जनस्य सेव्यताम् ॥

ज त ज र वंशस्थ छंद

निशाःश	शाङ्कक्ष	तनील	राजयः
। ऽ ।	ऽ ऽ ।	। ऽ ।	ऽ । ऽ

क्वचिद्वि[1]	चित्रंज[1]	लयन्त्र[1]	मन्दिरम्[1]
। ऽ ।	ऽ ऽ ।	। ऽ ।	ऽ । ऽ
मणिप्र[2]	काराःस	रसंच	चन्दनम्[2]
। ऽ ।	ऽ ऽ ।	। ऽ ।	ऽ । ऽ
शुचौप्रि	येयान्ति	जनस्य[3]	सेव्यताम्
। ऽ ।	ऽ ऽ ।	। ऽ ।	ऽ । ऽ

पाद टिप्पणियाँ :

1. इस वंशस्थ छंद के पद्य की की दूसरी पंक्ति में लघु अक्षर चि के आगे संयुक्त अक्षर द्व, दूसरे लघु अक्षर चि के आगे संयुक्त अक्षर त्र, लघु अक्षर य के आगे संयुक्त अक्षर न्त्र और लघु अक्षर म के आगे संयुक्त अक्षर न्द आने से अक्षर चि, चि, य और म की लघु मात्राएँ दीर्घ सिद्ध हुई हैं.
2. इस छंद की तीसरी पंक्ति में लघु अक्षर णि के आगे संयुक्त अक्षर प्र और लघु अक्षर च के आगे संयुक्त अक्षर न्द आने से अक्षर णि और च की लघु मात्राएँ दीर्घ सिद्ध हुई हैं.
3. इस पद्य की चौथी पंक्ति में लघु अक्षर न के आगे संयुक्त अक्षर स्य आने से अक्षर न की लघु मात्रा दीर्घ सिद्ध हुई है और वंशस्थ छंद सिद्ध है.

(हे विशाल वक्षिणी!)

दोहा॰ इस मौसम में हे सखी! अच्छी लगती रात ।
चंद्र रश्मि से युक्त जो, देता सुखद प्रभात ।।

फव्वारे जिस भवन में, करते जल बौछार ।
तन पर गिर कर चित्त को, देते चैन तुषार ।।

शीतल चंदन लेप भी, लगता है सुखकार ।
चंद्रकांत मणि की छटा, होती है दुखहार ।।

1.3

सुवासितं हर्म्यतलं मनोरमं प्रियामुखोच्छ्वासविकम्पितं मधु ।
सुतन्त्रिगीतं मदनस्य दीपनं शुचौ निशीथेऽनुभवन्ति कामिनः ॥

ज त ज र वंशस्थ छंद

सुवासि	तंहर्म्य[1]	तलंम	नोरमम्
। ऽ ।	ऽ ऽ ।	। ऽ ।	ऽ । ऽ
प्रियामु	खोच्छ्वास	विकम्पि[2]	तंमधु
। ऽ ।	ऽ ऽ ।	। ऽ ।	ऽ । । *
सुतन्त्रि[3]	गीतंम	दनस्य[3]	दीपनम्
। ऽ ।	ऽ ऽ ।	। ऽ ।	ऽ । ऽ
शुचौनि	शीथेऽनु	भवन्ति[4]	कामिनः
। ऽ ।	ऽ ऽ ।	। ऽ ।	ऽ । ऽ

* अंतिम 12 वीं लघु (।) मात्रा भी गुरु (ऽ) मानी गयी है.

पाद टिप्पणियाँ :

1. इस वंशस्थ छंद की पहली पंक्ति में लघु अक्षर ह के आगे संयुक्त अक्षर र्म्य आने से अक्षर ह की लघु मात्रा दीर्घ सिद्ध हुई है.
2. इस की दूसरी पंक्ति में लघु अक्षर क के आगे संयुक्त अक्षर म्प आने से अक्षर क की लघु मात्रा दीर्घ सिद्ध हुई है.
3. इस पद्य की तीसरी पंक्ति में लघु अक्षर त के आगे संयुक्त अक्षर न्त्र और लघु अक्षर न के आगे संयुक्त अक्षर स्य आने से अक्षर त और न की लघु मात्राएँ दीर्घ सिद्ध हुई हैं.
4. इस पद्य की चौथी पंक्ति में लघु अक्षर व के आगे संयुक्त अक्षर न्त आने से अक्षर व की लघु मात्रा दीर्घ हुई और वंशस्थ छंद सिद्ध हुआ है.

(और भी, हे सजनी!)

दोहा॰ **सुवासमय अट्टालिका, जहाँ प्रेमिका-वास ।**
करते मन को मग्न हैं, उनके सुमधुर श्वास ।।

गाती जब वह रात में, कामोद्दीपक गीत ।
कामी जन के हृदय में, मधुर जगाती प्रीत ।।

1.4

नितम्बबिम्बैः सुदुकूलमेखलैः स्तनैः सहाराभरणैः सचन्दनैः ।

26

शिरोरुहैः स्नानकषायवासितैः स्त्रियो निदाघं शमयन्ति कामिनाम् ॥

ज त ज र वंशस्थ छंद

नितम्ब[1]	बिम्बैःसु[1]	दुकूल	मेखलैः
। ऽ ।	ऽ ऽ	। ऽ ।	ऽ । ऽ
स्तनैःस	हाराभ	रणैःस	चन्दनैः[2]
। ऽ ।	ऽ ऽ ।	। ऽ ।	ऽ । ऽ
शिरोरु	हैःस्नान	कषाय	वासितैः
। ऽ ।	ऽ ऽ ।	। ऽ ।	ऽ । ऽ
स्त्रियोनि	दाघंश	मयन्ति[3]	कामिनाम्
। ऽ ।	ऽ ऽ ।	। ऽ ।	ऽ । ऽ

पाद टिप्पणियाँ :

1. इस वंशस्थ छंद की पहली पंक्ति में लघु अक्षर त के आगे संयुक्त अक्षर म्ब और लघु अक्षर बि के आगे भी संयुक्त वर्ण म्ब आने से अक्षर त और बि की लघु मात्राएँ दीर्घ सिद्ध हुई हैं.
2. इस की दूसरी पंक्ति में लघु अक्षर च के आगे संयुक्त अक्षर न्द आने से अक्षर च की लघु मात्रा दीर्घ सिद्ध हुई है.
3. इस पद्य की चौथी पंक्ति में लघु अक्षर य के आगे संयुक्त अक्षर न्त आने से अक्षर य की लघु मात्रा दीर्घ सिद्ध हुई है.

(एवं एव, हे संगिनी!)

दोहा०

ग्रीष्म ऋतु में संगिनी, पहन रेशमी वस्त्र ।
आती है जब सामने, लिए प्रणय का शस्त्र ।।

धारण करके करधनी, कटि पर चमकीदार ।
नितंब के ऊपर दिखे, आकर्षक मनहार ।।

उरजों पर माला सजे, प्रसून खुशबूदार ।
चंदन तैल शरीर पर, केश कलाप खुमार ।।

प्रेमी नर के मनस की, किए उष्णता दूर ।

जगे सखी से मिलन की, इच्छा शीघ्र जरूर ।।

1.5

नितान्तलाक्षारसरागरञ्जितैर्नितम्बिनीनां चरणैः सुनूपुरैः ।
पदे पदे हंसरुतानुकारिभिर्जनस्य चित्तं क्रियते समन्मथम् ॥

ज त ज र वंशस्थ छंद

नितान्त	लाक्षार	सराग	रञ्जितैः [1]
। ऽ ।	ऽ ऽ ।	। ऽ ।	ऽ । ऽ
नितम्बि [2]	नीनांच	रणैःसु	नूपुरैः
। ऽ ।	ऽ ऽ ।	। ऽ ।	ऽ । ऽ
पदेप	देहंस	रुतानु	कारिभिः
। ऽ ।	ऽ ऽ ।	। ऽ ।	ऽ । ऽ
जनस्य [3]	चित्तंक्रि [3]	यतेस	मन्मथम् [3]
। ऽ ।	ऽ ऽ ।	। ऽ ।	ऽ । ऽ

पाद टिप्पणियाँ :

1. इस वंशस्थ छंद की पहली पंक्ति में लघु अक्षर र के आगे संयुक्त अक्षर ञ्ज आने से अक्षर र की लघु मात्रा दीर्घ सिद्ध हुई है.
2. इस की दूसरी पंक्ति में लघु अक्षर त के आगे संयुक्त अक्षर म्ब आने से अक्षर त की लघु मात्रा दीर्घ सिद्ध हुई है.
3. इस पद्य की चौथी पंक्ति में लघु अक्षर न के आगे संयुक्त अक्षर स्य, लघु वर्ण चि के आगे संयुक्त वर्ण त्त और लघु अक्षर म के आगे संयुक्त अक्षर न्म आने से अक्षर न, चि और म की लघु मात्राएँ दीर्घ सिद्ध हुई हैं.

(हे प्राणेश्वरी!)

दोहा॰ **और सुनो प्राणेश्वरी! जिनके स्थूल नितंब ।**
उनके दर्शन चाहता, प्रेमी मन अविलंब ।।

उभरे स्तन की रमणियाँ, पग में पायल डाल ।
लाल महावर से सजी, चले हंस की चाल ।।

कालिदास के ऋतुसंहार की छंद मीमांसा

हिलना रम्य उरोज का, करे प्रेम-आघात ।
कामोत्तेजित मन बने, संयम पर कर मात ।।

1.6

पयोधराश्चन्दनपङ्कचर्चितास्तुषारगौरार्पितहारशेखराः ।
नितम्बदेशाश्च सहेममेखलाः प्रकुर्वते कस्य मनो न सोत्सुकम् ॥

ज त ज र वंशस्थ छंद

पयोध	राश्चन्द[1]	नपङ्क[1]	चर्चिताः[1]
। ऽ ।	ऽ ऽ ।	। ऽ ।	ऽ । ऽ
तुषार	गौरार्पि	तहार	शेखराः
। ऽ ।	ऽ ऽ ।	। ऽ ।	ऽ । ऽ
नितम्ब[2]	देशाश्च	सहेम	मेखलाः
। ऽ ।	ऽ ऽ ।	। ऽ ।	ऽ । ऽ
प्रकुर्व[3]	तेकस्य[3]	मनोन	सोत्सुकम्
। ऽ ।	ऽ ऽ ।	। ऽ ।	ऽ । ऽ

पाद टिप्पणियाँ :

1. इस वंशस्थ छंद की पहली पंक्ति में लघु अक्षर श्च के आगे संयुक्त अक्षर न्द, लघु वर्ण प के आगे संयुक्त वर्ण ङ्क और लघु अक्षर च के आगे संयुक्त अक्षर र्च आने से अक्षर श्च, प और च की लघु मात्राएँ दीर्घ सिद्ध हुई हैं.
2. इस की तीसरी पंक्ति में लघु अक्षर त के आगे संयुक्त अक्षर म्ब आने से अक्षर त की लघु मात्रा दीर्घ सिद्ध हुई है.
3. इस पद्य की चौथी पंक्ति में लघु अक्षर कु के आगे संयुक्त अक्षर र्व और लघु वर्ण क के आगे संयुक्त वर्ण स्य आने से अक्षर कु और क की लघु मात्राएँ दीर्घ सिद्ध हुई हैं.

(और हे हृदयेश्वरी!)

दोहा० **क्यों कि, हे हृदयेश्वरी! स्त्री के उभरे वक्ष ।**
अधीर प्रेमी के करे, मृदुल हृदय को भक्ष ।।

मोती माला से सजे, दो स्तन का दीदार ।
किस नर को ना मोह ले, स्वर्ण मेखला हार ।।

स्त्री के जघन विभाग का, निहार कर नग्नांग ।
कौन लालायित हुआ, मारेगा न छलांग ।।

1.7

समुद्गतस्वेदचिताङ्गसंधयो विमुच्य वासांसि गुरूणि सांप्रतम् ।
स्तनेषु तन्वंशुकमुन्नतस्तना निवेशयन्ति प्रमदाः सयौवनाः ॥

ज त ज र वंशस्थ छंद

समुद्ग[1]	तस्वेद[1]	चिताङ्ग	संधयः
। ऽ ।	ऽ ऽ ।	। ऽ ।	ऽ । ऽ
विमुच्य[2]	वासांसि	गुरूणि	सांप्रतम्
। ऽ ।	ऽ ऽ ।	। ऽ ।	ऽ । ऽ
स्तनेषु	तन्वंशु[3]	कमुन्न[3]	तस्तना[3]
। ऽ ।	ऽ ऽ ।	। ऽ ।	ऽ । ऽ
निवेश	यन्तिप्र[4]	मदाःस	यौवनाः
। ऽ ।	ऽ ऽ ।	। ऽ ।	ऽ । ऽ

पाद टिप्पणियाँ :

1. इस पद्य की पहली पंक्ति में लघु अक्षर मु के आगे संयुक्त अक्षर द्ग आने से और त के आगे संयुक्त अक्षर स्व आने से अक्षर मु और त की लघु मात्राएँ दीर्घ सिद्ध हुई हैं.
2. इसकी दूसरी पंक्ति में लघु अक्षर मु के आगे संयुक्त अक्षर च्य आने से अक्षर मु की लघु मात्रा दीर्घ सिद्ध हुई है.
3. इस पद्य की तीसरी पंक्ति में पहले लघु अक्षर त के आगे संयुक्त अक्षर न्व, लघु अक्षर मु के आगे संयुक्त अक्षर न्न आने से और दूसरे अक्षर त के आगे संयुक्त अक्षर स्त आने से प्रथम अक्षर त, मु और दूसरे त की लघु मात्राएँ दीर्घ सिद्ध हुई हैं.

4. इस पद्य की चौथी पंक्ति नें लघु अक्षर न्ति के आगे संयुक्त अक्षर प्र आने से अक्षर न्ति की लघु मात्रा दीर्घ हुई और वंशस्थ छंद सिद्ध हुआ है.

(हे सुहृदे!)

दोहा॰ **अंग-अंग पर ग्रीष्म में, प्रभूत आता स्वेद ।**
महीन वस्त्र अतः स्त्रियाँ, पहने बगैर-खेद ।।

ऊँचे-ऊँचे वक्ष पर, कपड़े जालीदार ।
धारण करतीं युवतियाँ, देने स्तन-दीदार ।।

1.8

सचन्दनाम्बुव्यजनोद्भवानिलैः सहारयष्टिस्तनमण्डलार्पणैः ।
सवल्लकीकाकलिगीतनिःस्वनैर्विबोध्यते सुप्त इवाद्य मन्मथाः ॥

ज त ज र वंशस्थ छंद

सचन्द[1]	नाम्बुव्य[1]	जनोद्भ	वानिलैः
। ऽ ।	ऽ ऽ ।	। ऽ ।	ऽ । ऽ
सहार	यष्टिस्त[2]	नमण्ड[2]	लार्पणैः
। ऽ ।	ऽ ऽ ।	। ऽ ।	ऽ । ऽ
सवल्ल[3]	कीकाक	लिगीत	निःस्वनैः
। ऽ ।	ऽ ऽ ।	। ऽ ।	ऽ । ऽ
निबोध्य	तेसुप्त[4]	इवाद्य	मन्मथाः[4]
। ऽ ।	ऽ ऽ ।	। ऽ ।	ऽ । ऽ

पाद टिप्पणियाँ :

1. इस पद्य की पहली पंक्ति में लघु अक्षर च के आगे संयुक्त अक्षर न्द आने से और म्बु के आगे संयुक्त अक्षर व्य आने से अक्षर च और म्बु की लघु मात्राएँ दीर्घ सिद्ध हुई हैं.
2. इसकी दूसरी पंक्ति में लघु अक्षर य के आगे संयुक्त अक्षर ष्ट, लघु अक्षर ष्टि के आगे संयुक्त अक्षर स्त, और अक्षर म के आगे संयुक्त अक्षर ण्ड आने से अक्षर य, ष्टि और म की लघु मात्राएँ दीर्घ सिद्ध हुई हैं.

31

3. इस पद्य की तीसरी पंक्ति में लघु अक्षर व के आगे संयुक्त अक्षर ल्ल आने से अक्षर व की लघु मात्रा दीर्घ सिद्ध हुई है.
4. इस पद्य की चौथी पंक्ति में लघु अक्षर सु के आगे संयुक्त अक्षर प्त आने से और म के आगे संयुक्त अक्षर न्म आने से अक्षर सु और म की लघु मात्राएँ दीर्घ हुई और वंशस्थ छंद सिद्ध हुआ हैं.

(हे प्राणवल्लभे!)

दोहा॰ **इस मौसम में तरुणियाँ, शीतल रखने कक्ष ।**
खश के पंखों से हवा, लेत खोल कर वक्ष ।।

स्तनमंडल मणि से सजा, छू कर वीणा तार ।
जिनका सुर मादक, सखी! होत जिगर से पार ।।

मधुर गान इस तान का, हरता नर का भान ।
जागे निद्रित वासना, पाती सोच उड़ान ।।

1.9

सितेषु हर्म्येषु निशासु योषितां सुखप्रसुप्तानि मुखानि चन्द्रमाः ।
विलोक्य नूनं भृशमुत्सुकश्चिरं निशाक्षये याति ह्रियेव पाण्डुताम् ॥

ज त ज र वंशस्थ छंद

सितेषु	हर्म्येषु[1]	निशासु	योषिताम्
। ऽ ।	ऽ ऽ ।	। ऽ ।	ऽ । ऽ
सुखप्र[2]	सुप्तानि[2]	मुखानि	चन्द्रमाः[2]
। ऽ ।	ऽ ऽ ।	। ऽ ।	ऽ । ऽ
विलोक्य	नूनंभृ	शमुत्सु[3]	कश्चिरम्[3]
। ऽ ।	ऽ ऽ ।	। ऽ ।	ऽ । ऽ
निशाक्ष	येयाति	ह्रियेव	पाण्डुताम्
। ऽ ।	ऽ ऽ ।	। ऽ ।	ऽ । ऽ

पाद टिप्पणियाँ :

1. इस पद्य की पहली पंक्ति में लघु अक्षर ह के आगे संयुक्त अक्षर र्म्य आने से

अक्षर ह की लघु मात्रा दीर्घ सिद्ध हुई है.

2. इसकी दूसरी पंक्ति में लघु अक्षर ख के आगे संयुक्त अक्षर प्र, लघु अक्षर सु के आगे संयुक्त अक्षर प्त, और अक्षर च के आगे संयुक्त अक्षर न्द्र आने से अक्षर ख, सु और च की लघु मात्राएँ दीर्घ सिद्ध हुई हैं.
3. इस पद्य की तीसरी पंक्ति में लघु अक्षर मु के आगे संयुक्त अक्षर त्स आने से अक्षर और अक्षर क के आगे संयुक्त अक्षर श्च आने से अक्षर मु और क की लघु मात्राएँ दीर्घ सिद्ध हुई हैं.

(और, हे कामिनी!)

दोहा॰ **छत पर सोयी कामिनी, इस मौसम की रात ।**
नभ मंडल में हो जभी, तारों की बारात; ।।

निहार इस मुखचंद्र को, उस चंदा को लाज ।
चंदा पाता पांडुता, बिगड़ा हुआ मिजाज ।।

1.10

असह्यवातोद्धतरेणुमण्डला प्रचण्डसूर्यातपतापिता मही ।
न शक्यते द्रष्टुमपि प्रवासिभिः प्रियावियोगानलदग्धमानसैः ॥

ज त ज र वंशस्थ छंद

असह्य[1]	वातोद्ध	तरेणु	मण्डला[1]
। ऽ ।	ऽ ऽ ।	। ऽ ।	ऽ । ऽ
प्रचण्ड[2]	सूर्यात	पतापि	तामही
। ऽ ।	ऽ ऽ ।	। ऽ ।	ऽ । ऽ
नशक्य[3]	तेद्रष्टु[3]	मपिप्र[3]	वासिभिः
। ऽ ।	ऽ ऽ ।	। ऽ ।	ऽ । ऽ
प्रियावि	योगान	लदग्ध[4]	मानसैः
। ऽ ।	ऽ ऽ ।	। ऽ ।	ऽ । ऽ

पाद टिप्पणियाँ :

1. इस पद्य की पहली पंक्ति में लघु अक्षर स के आगे संयुक्त अक्षर ह्य आने से

और अक्षर म के आगे संयुक्त अक्षर ण्ड आने से अक्षर स और म की लघु मात्राएँ दीर्घ सिद्ध हुई हैं.

2. इसकी दूसरी पंक्ति में लघु अक्षर च के आगे संयुक्त अक्षर ण्ड आने से अक्षर च की लघु मात्रा दीर्घ सिद्ध हुई है.
3. इस पद्य की तीसरी पंक्ति में लघु अक्षर श के आगे संयुक्त अक्षर क्य आने से, अक्षर द्र के आगे संयुक्त अक्षर ष्ट आने से और अक्षर पि के आगे संयुक्त अक्षर प्र आने से अक्षर श, द्र और पि की लघु मात्राएँ दीर्घ सिद्ध हुई हैं.
4. इस पद्य की चौथी पंक्ति में लघु अक्षर द के आगे संयुक्त अक्षर ग्ध आने से अक्षर द की लघु मात्रा दीर्घ हुई है.

(और, हे प्रिये!)

दोहा॰ **तपती लू से ग्रीष्म की, उड़े हवा में धूल ।**
प्रखर उष्णता सूर्य की, मन पर डाले भूल ।।

जला विरह की आग में, जो नर है असहाय ।
अवश झुलसता और भी, मुख से निकले, हाय! ।।

1.11

मृगाः प्रचण्डातपतापिता भृशं तृषा महत्या परिशुष्कतालवः ।
वनान्तरे तोयमिति प्रधाविता निरीक्ष्य भिन्नाञ्जनसन्निभं नभः ॥

ज त ज र वंशस्थ छंद

मृगाःप्र	चण्डात [1]	पतापि	ताभृशम्
। ऽ ।	ऽ ऽ ।	। ऽ ।	ऽ । ऽ
तृषाम	हत्याप [2]	रिशुष्क [2]	तालवः
। ऽ ।	ऽ ऽ ।	। ऽ ।	ऽ । ऽ
वनान्त	रेतोय	मितिप्र [3]	धाविता
। ऽ ।	ऽ ऽ ।	। ऽ ।	ऽ । ऽ
निरीक्ष्य	भिन्नाञ्ज [4]	नसन्नि [4]	भंनभः
। ऽ ।	ऽ ऽ ।	। ऽ ।	ऽ । ऽ

पाद टिप्पणियाँ :

1. इस पद्य की पहली पंक्ति में लघु अक्षर च के आगे संयुक्त अक्षर ण्ड आने से अक्षर च की लघु मात्रा दीर्घ सिद्ध हुई है.
2. इसकी दूसरी पंक्ति में लघु अक्षर ह के आगे संयुक्त अक्षर त्य आने से और अक्षर शु के आगे संयुक्त अक्षर ष्क आने से अक्षर ह और शु की लघु मात्राएँ दीर्घ सिद्ध हुई हैं.
3. इस पद्य की तीसरी पंक्ति में लघु अक्षर ति के आगे संयुक्त अक्षर प्र आने से अक्षर ति की लघु मात्रा दीर्घ सिद्ध हुई है.
4. इस पद्य की चौथी पंक्ति में लघु अक्षर भि के आगे संयुक्त अक्षर न्न आने से और अक्षर स के भी आगे संयुक्त अक्षर न्न आने से अक्षर भि और स की लघु मात्राएँ दीर्घ सिद्ध हुई हैं.

(मृगजल)

दोहा॰ गला सूख कर हिरण भी, शीघ्र बुझाने प्यास ।
दौड़ लगाते, देख कर, मृगजल का आभास ।।

1.12

सविभ्रमैः सस्मितजिह्मवीक्षितैर्विलासवत्या मनसि प्रवासिनाम् ।
अनङ्गसन्दीपनमाशु कुर्वते यथा प्रदोषाः शशिचारुभूषणाः ॥

ज त ज र वंशस्थ छंद

सविभ्र[1]	मैःसस्मि[1]	तजिह्म[1]	वीक्षितैः
। ऽ ।	ऽ ऽ ।	। ऽ ।	ऽ । ऽ
विलास	वत्याम[2]	नसिप्र[2]	वासिनाम्
। ऽ ।	ऽ ऽ ।	। ऽ ।	ऽ । ऽ
अनङ्ग[3]	सन्दीप[3]	नमाशु	कुर्वते[3]
। ऽ ।	ऽ ऽ ।	। ऽ ।	ऽ । ऽ
यथाप्र	दोषाःश	शिचारु	भूषणाः
। ऽ ।	ऽ ऽ ।	। ऽ ।	ऽ । ऽ

पाद टिप्पणियाँ :

1. इस पद्य की पहली पंक्ति में लघु अक्षर वि के आगे संयुक्त अक्षर भ्र आने से लघु अक्षर स के आगे संयुक्त अक्षर स्म आने से और अक्षर जि के आगे संयुक्त अक्षर ह्म आने से अक्षर वि, स और जि की लघु मात्राएँ दीर्घ सिद्ध हुई हैं.
2. इसकी छंद दूसरी पंक्ति में लघु अक्षर व के आगे संयुक्त अक्षर त्य आने से और अक्षर सि के आगे संयुक्त अक्षर प्र आने से अक्षर व और सि की लघु मात्राएँ दीर्घ सिद्ध हुई हैं.
3. इस पद्य की तीसरी पंक्ति में लघु अक्षर न के आगे संयुक्त अक्षर ङ्ग आने से, लघु अक्षर स के आगे संयुक्त अक्षर न्द आने से और अक्षर कु के आगे संयुक्त अक्षर र्व आने से अक्षर न, स और कु की लघु मात्राएँ दीर्घ सिद्ध हुई हैं.

(हे मृगनयनी!)

दोहा॰ **सुंदर तरुण विलासिनी, दे कर मधु मुसकान ।**
मादक नैन कटाक्ष हैं, हरते नर का भान ।।

देते कामोत्तेजना, नर के मन को थाम ।
यथा ग्रीष्म के ताप में, शीतल शशि की शाम ।।

1.13

रवेर्मयूखैरभितापितो भृशं विदह्यमानः पथि तप्तपांसुभिः ।
अवाङ्मुखो जिह्मगतिः श्वसन्मुहुः फणी मयूरस्य तले निषीदति ॥

ज त ज र वंशस्थ छंद

रवेर्म	यूखैर	भितापि	तोभृशम्
। ऽ ।	ऽ ऽ ।	। ऽ ।	ऽ । ऽ
विदह्य [1]	मानःप	थितप्त [1]	पांसुभिः
। ऽ ।	ऽ ऽ ।	। ऽ ।	ऽ । ऽ
अवाङ्मु	खोजिह्म [2]	गतिःश्व	सन्मुहुः [2]
। ऽ ।	ऽ ऽ ।	। ऽ ।	ऽ । ऽ
फणीम	यूरस्य [3]	तलेनि	षीदति
। ऽ ।	ऽ ऽ ।	। ऽ ।	ऽ । । *

* अंतिम 12 वीं लघु (।) मात्रा भी गुरु (ऽ) मानी गयी है.

पाद टिप्पणियाँ :

1. इस पद्य की दूसरी पंक्ति में लघु अक्षर द के आगे संयुक्त अक्षर द्य आने से और लघु अक्षर त के आगे संयुक्त अक्षर प्त आने से अक्षर द और त की लघु मात्राएँ दीर्घ सिद्ध हुई हैं.
2. इसकी छंद तीसरी पंक्ति में लघु अक्षर जि के आगे संयुक्त अक्षर ह्म आने से और अक्षर स के आगे संयुक्त अक्षर न्न आने से अक्षर जि और स की लघु मात्राएँ दीर्घ सिद्ध हुई हैं.
3. इस पद्य की चौथी पंक्ति में लघु अक्षर र के आगे संयुक्त अक्षर स्य आने से अक्षर र की लघु मात्रा दीर्घ सिद्ध हुई है.

(नाग)

दोहा॰ **झुलसे रवि के ताप से, तप्त धूलि से त्रस्त ।**
साँप ढूँढते छाँव को, सुकून हो कर अस्त ।।

देते उनको आसरा, उष्मा पीड़ित मोर ।
वैर-भाव को भूल कर, अभिभावक की तौर ।।

1.14

तृषा महत्या हतविक्रमोद्यमः श्वसन्मुहुर्दूरविदारिताननः ।
न हन्त्यदूरेऽपि गजान्मृगेश्वरो विलोलजिह्वश्चलिताग्रकेसरः ॥

ज त ज र वंशस्थ छंद

तृषाम	हत्याह[1]	तविक्र[1]	मोद्यमः
। ऽ ।	ऽ ऽ ।	। ऽ ।	ऽ । ऽ
श्वसन्मु[2]	हुर्दूर[2]	विदारि	ताननः
। ऽ ।	ऽ ऽ ।	। ऽ ।	ऽ । ऽ
नहन्त्य[3]	दूरेऽपि	गजान्मृ	गेश्वरो
। ऽ ।	ऽ ऽ ।	। ऽ ।	ऽ । ऽ
विलोल	जिह्वश्च[4]	लिताग्र	केसरः
। ऽ ।	ऽ ऽ ।	। ऽ ।	ऽ । ऽ

पाद टिप्पणियाँ :

1. इस पद्य की पहली पंक्ति में लघु अक्षर ह के आगे संयुक्त अक्षर त्य आने से और अक्षर वि के आगे संयुक्त अक्षर क्र आने से अक्षर ह और वि की लघु मात्राएँ दीर्घ सिद्ध हुई हैं.
2. इसकी दूसरी पंक्ति में लघु अक्षर स के आगे संयुक्त अक्षर न्म आने से और अक्षर हु के आगे संयुक्त अक्षर र्द आने से अक्षर स और हु की लघु मात्राएँ दीर्घ सिद्ध हुई हैं.
3. इस पद्य की तीसरी पंक्ति में लघु अक्षर ह के आगे संयुक्त अक्षर न्त्य आने से अक्षर ह की लघु मात्रा दीर्घ सिद्ध हुई है.
4. इस पद्य की चौथी पंक्ति में लघु अक्षर ह्व के आगे संयुक्त अक्षर श्च आने से अक्षर ह्व की लघु मात्रा दीर्घ सिद्ध हुई है.

(सिंह)

दोहा॰ **वन के राजा सिंह भी, सता रही जब प्यास ।**
निर्बल होकर श्रांँत वे, लेते ताता साँस ।।

मुख फैला कर हैं पड़े, निकाल बाहर जीभ ।
शिकार करने मन नहीं, हिरण शशक टिट्टीभ ।।

1.15

विशुष्ककण्ठाहतशीकराम्भसो गभस्तिभिर्भानुमतोऽनुतापिताः ।
प्रवृद्धतृष्णोपहता जलार्थिनो न दन्तिनः केसरिणोऽपि बिभ्यति ॥

ज त ज र वंशस्थ छंद

विशुष्क[1]	कण्ठाह[1]	तशीक	राम्भसो
। ऽ ।	ऽ ऽ ।	। ऽ ।	ऽ । ऽ
गभस्ति[2]	भिर्भानु[2]	मतोऽनु	तापिताः
। ऽ ।	ऽ ऽ ।	। ऽ ।	ऽ । ऽ
प्रवृद्ध[3]	तृष्णोप[3]	हताज	लार्थिनो
। ऽ ।	ऽ ऽ ।	। ऽ ।	ऽ । ऽ
नदन्ति[4]	नःकेस	रिणोऽपि	बिभ्यति[4]

कालिदास के ऋतुसंहार की छंद मीमांसा

। S ।	S S ।	। S ।	S । । *

* अंतिम 12 वीं लघु (।) मात्रा भी गुरु (S) मानी गयी है.

पाद टिप्पणियाँ :

1. इस वंशस्थ पद्य की पहली पंक्ति नें लघु अक्षर शु के आगे संयुक्त अक्षर ष्क और लघु अक्षर क के आगे संयुक्त अक्षर ण्ठ आने से अक्षर शु और क की लघु मात्राएँ दीर्घ सिद्ध हुई हैं.

2. इसकी दूसरी पंक्ति में लघु अक्षर भ के आगे संयुक्त अक्षर स्त आने से और लघु अक्षर भि के आगे संयुक्त अक्षर र्भ आने से अक्षर भ और भि की लघु मात्राएँ दीर्घ सिद्ध हुई हैं.

3. इस पद्य की तीसरी पंक्ति में लघु अक्षर वृ के आगे संयुक्त अक्षर द्ध आने से और लघु अक्षर तृ के आगे संयुक्त अक्षर ष्ण आने से अक्षर वृ और तृ की लघु मात्राएँ दीर्घ सिद्ध हुई हैं.

4. इस पद्य की चौथी पंक्ति में लघु अक्षर द के आगे संयुक्त अक्षर न्त आने से और लघु अक्षर बि के आगे संयुक्त अक्षर भ्य आने से अक्षर द और बि की लघु मात्राएँ दीर्घ सिद्ध हुई हैं.

(हाथी)

दोहा०   प्यासे हाथी घूमते, मिले कहीं पर तोय ।
खड़े शेर भी सामने, उन्हें न चिंता कोय ।।

1.16

हुताग्निकल्पैः सवितुर्मरीचिभिः कलापिनः क्लान्तशरीरचेतसः ।
न भोगिनं घ्नन्ति समीपवर्तिनं कलापचक्रेषु निवेशिताननम् ॥

ज त ज र वंशस्थ छंद

हुताग्रि	कल्पैःस[1]	वितुर्म[1]	रीचिभिः
। S ।	S S ।	। S ।	S । S
कलापि	नःक्लान्त	शरीर	चेतसः
। S ।	S S ।	। S ।	S । S
नभोगि	नंघ्नन्ति[2]	समीप	वर्तिनम्[2]

। ऽ ।	ऽ ऽ ।	। ऽ ।	ऽ । ऽ
कलाप	चक्रेषु[3]	निवेशि	ताननम्
। ऽ ।	ऽ ऽ ।	। ऽ ।	ऽ । ऽ

पाद टिप्पणियाँ :

1. इस वंशस्थ पद्य की पहली पंक्ति में लघु अक्षर क के आगे संयुक्त अक्षर ल्प और लघु अक्षर तु के आगे संयुक्त अक्षर र्म आने से अक्षर क और तु की लघु मात्राएँ दीर्घ सिद्ध हुई हैं.
2. इस पद्य की तीसरी पंक्ति में लघु अक्षर घ्न के आगे संयुक्त अक्षर न्त आने से और लघु अक्षर व के आगे संयुक्त अक्षर र्त अक्षर घ्न और व की लघु मात्राएँ दीर्घ सिद्ध हुई हैं.
3. इस पद्य की चौथी पंक्ति में लघु अक्षर च के आगे संयुक्त अक्षर क्र आने से अक्षर च की लघु मात्रा दीर्घ सिद्ध हुई है.

(मयूर)

दोहा० **व्याकुल भीषण धूप से, आकुल-चित्त मयूर ।**
प्यासे को जल चाहिये, शिकार तब न जरूर ।।

1.17

सभद्रमुस्तं परिपाण्डुकर्दमं सरः खनन्नायतपोतृमण्डलैः
रवेर्मयूखैरभितापितो भृशं वराहयूथो विशतीव भूतलम् ॥

ज त ज र वंशस्थ छंद

सभद्र[1]	मुस्तंप[1]	रिपाण्डु	कर्दमम्[1]
। ऽ ।	ऽ ऽ ।	। ऽ ।	ऽ । ऽ
सरःख	नन्नाय[2]	तपोतृ	मण्डलैः[2]
। ऽ ।	ऽ ऽ ।	। ऽ ।	ऽ । ऽ
रवेर्म	यूखैर	भितापि	तोभृशं
। ऽ ।	ऽ ऽ ।	। ऽ ।	ऽ । ऽ
वराह	यूथोवि	शतीव	भूतलम्
। ऽ ।	ऽ ऽ ।	। ऽ ।	ऽ । ऽ

पाद टिप्पणियाँ :

1. इस वंशस्थ पद्य की पहली पंक्ति में लघु अक्षर भ के आगे संयुक्त अक्षर द्र, लघु अक्षर मु के आगे संयुक्त अक्षर स्त और लघु अक्षर क के आगे संयुक्त अक्षर र्द आने से अक्षर भ, मु और क की लघु मात्राएँ दीर्घ सिद्ध हुई हैं.
2. इसकी दूसरी पंक्ति में लघु अक्षर न के आगे संयुक्त अक्षर न्न आने से और लघु अक्षर म के आगे संयुक्त अक्षर ण्ड आने से अक्षर न और म की लघु मात्राएँ दीर्घ सिद्ध हुई हैं.

(शूकर)

दोहा० **बेकल प्रचंड धूप से, तीव्र बुझाने प्यास ।**
शूकर कीचड़ खोदते, जल पाने की आस ।।

मिला अगर ना जल उन्हें, भीषण जहाँ अकाल ।
लगता धरती खोद कर, जाएँगे पाताल ।।

1.18

विवस्वता तीक्ष्णतरांशुमालिना सपङ्कतोयात्सरसोऽभितापितः ।
उत्प्लुत्य भेकस्तृषितस्य भोगिनः फणातपत्रस्य तले निषीदति ॥

ज त ज र वंशस्थ छंद

विवस्व[1]	तातीक्ष्ण	तरांशु	मालिना
। ऽ ।	ऽ ऽ ।	। ऽ ।	ऽ । ऽ
सपङ्क[2]	तोयात्स	रसोऽभि	तापितः
। ऽ ।	ऽ ऽ ।	। ऽ ।	ऽ । ऽ
उत्प्लुत्य[3]	भेकस्तृ[3]	षितस्य[3]	भोगिनः
। ऽ ।	ऽ ऽ ।	। ऽ ।	ऽ । ऽ
फणात	पत्रस्य[4]	तलेनि	षीदति
। ऽ ।	ऽ ऽ ।	। ऽ ।	ऽ । । *

* अंतिम 12 वीं लघु (।) मात्रा भी गुरु (ऽ) मानी गयी है.

पाद टिप्पणियाँ :

1. इस वंशस्थ पद्य की पहली पंक्ति में लघु अक्षर व के आगे संयुक्त अक्षर स्व आने से अक्षर व की लघु मात्रा दीर्घ सिद्ध हुई है.
2. इसकी दूसरी पंक्ति में लघु अक्षर प के आगे संयुक्त अक्षर ङ्क आने से अक्षर प की लघु मात्रा दीर्घ सिद्ध हुई है.
3. इस पद्य की तीसरी पंक्ति में लघु अक्षर त्प्लु के आगे संयुक्त अक्षर त्य आने से, लघु अक्षर क के आगे संयुक्त अक्षर स्त आने से और लघु अक्षर त के आगे संयुक्त अक्षर स्य आने से अक्षर त्प्लु, क और त की लघु मात्राएँ दीर्घ सिद्ध हैं.
4. इस वंशस्थ पद्य की चौथी पंक्ति में लघु अक्षर प के आगे संयुक्त अक्षर त्र आने से और लघु अक्षर त्र के आगे संयुक्त अक्षर स्य आने से अक्षर प और त्र की लघु मात्राएँ दीर्घ सिद्ध हुई हैं.

(दादुर)

दोहा॰ **मेंढक पीड़ित ताप से, शुष्क झील को छोड़ ।**
आते फन की छाँव में, सख्य नाग से जोड़ ।।

1.19

समुद्धृताशेषमृणालजालकं विपन्नमीनं द्रुतभीतसारसम् ।
परस्परोत्पीडनसंहतैर्गजैः कृतं सरः सान्द्रविमर्दकर्दमम् ॥

ज त ज र वंशस्थ छंद

समुद्धृ[1]	ताशेष	मृणाल	जालकम्
। ऽ ।	ऽ ऽ ।	। ऽ ।	ऽ । ऽ
विपन्न[2]	मीनंद्रु	तभीत	सारसम्
। ऽ ।	ऽ ऽ ।	। ऽ ।	ऽ । ऽ
परस्प[3]	रोत्पीड	नसंह	तैर्गजैः
। ऽ ।	ऽ ऽ ।	। ऽ ।	ऽ । ऽ
कृतंस	रःसान्द्र	विमर्द[4]	कर्दमम्[4]
। ऽ ।	ऽ ऽ ।	। ऽ ।	ऽ । ऽ

पाद टिप्पणियाँ :

1. इस वंशस्थ पद्य की पहली पंक्ति में लघु अक्षर मु के आगे संयुक्त अक्षर द्धृ

आने से अक्षर मु की लघु मात्रा दीर्घ सिद्ध हुई है.

2. इसकी दूसरी पंक्ति में लघु अक्षर प के आगे संयुक्त अक्षर न्न आने से अक्षर प की लघु मात्रा दीर्घ सिद्ध हुई है.

3. इस पद्य की तीसरी पंक्ति में लघु अक्षर र के आगे संयुक्त अक्षर स्प आने से अक्षर र की लघु मात्रा दीर्घ सिद्ध हुई है.

4. इस वंशस्थ पद्य की चौथी पंक्ति में लघु अक्षर म के आगे संयुक्त अक्षर र्द आने से और लघु अक्षर क के आगे भी संयुक्त अक्षर र्द आने से अक्षर म और क की लघु मात्राएँ दीर्घ सिद्ध हुई हैं.

(हंस)

दोहा॰ **जल पीने को झगड़ते, हाथी पुष्कर तीर ।**
करते मृणाल नष्ट हैं, उन्हें मिले ना नीर ।।

कीचड़ को वे रौंद कर, करते साहिल नष्ट ।
हंसों को झष ना मिले, जीवन यापन कष्ट ।।

1.20

रविप्रभोद्भिन्नशिरोमणिप्रभो विलोलजिह्वाद्वयलीढमारुतः ।
विषाग्निसूर्यातपतापितः फणी न हन्ति मण्डूककुलं तृषाकुलः ॥

ज त ज र वंशस्थ छंद

रविप्र[1]	भोद्भिन्न[1]	शिरोम	णिप्रभः[1]
। ऽ ।	ऽ ऽ ।	। ऽ ।	ऽ । ऽ
विलोल	जिह्वाद्व[2]	यलीढ	मारुत
। ऽ ।	ऽ ऽ ।	। ऽ ।	ऽ । । *
विषाग्नि	सूर्यात	तापि	तःफणी
। ऽ ।	ऽ ऽ ।	। ऽ ।	ऽ । ऽ
नहन्ति[3]	मण्डूक[3]	कुलंतृ	षाकुलः
। ऽ ।	ऽ ऽ ।	। ऽ ।	ऽ । ऽ

* अंतिम 12 वीं लघु (।) मात्रा भी गुरु (ऽ) मानी गयी है.

43

पाद टिप्पणियाँ :

1. इस वंशस्थ पद्य की पहली पंक्ति में लघु अक्षर वि के आगे संयुक्त अक्षर प्र आने से, लघु अक्षर द्रि के आगे संयुक्त अक्षर न्न आने से और लघु अक्षर णि के आगे संयुक्त अक्षर प्र आने से अक्षर वि, द्रि और णि की लघु मात्राएँ दीर्घ सिद्ध हुई हैं.
2. इसकी दूसरी पंक्ति में लघु अक्षर जि के आगे संयुक्त अक्षर ह्व आने से अक्षर जि की लघु मात्रा दीर्घ सिद्ध हुई है.
3. इस वंशस्थ पद्य की चौथी पंक्ति में लघु अक्षर ह के आगे संयुक्त अक्षर न्त आने से और लघु अक्षर म के आगे संयुक्त अक्षर ण्ड आने से अक्षर ह और म की लघु मात्राएँ दीर्घ सिद्ध हुई हैं.

(नागमणि)

दोहा॰ सूर्य किरण से कौंधतीं, मणि नागों के शीश ।
जिह्वा सूखी है पड़ी, व्याकुल हुआ फणीश ।।

1.21

सफेनलालावृतवक्त्रसम्पुटं विनिःसृतालोहितजिह्वमुन्मुखम् ।
तृषाकुलं निःसृतमद्रिगह्वराद्गवेषमाणं महिषीकुलं जलम् ॥

ज त ज र वंशस्थ छंद

सफेन	लालावृ	तवक्त्र[1]	सम्पुटम्[1]
। ऽ ।	ऽ ऽ ।	। ऽ ।	ऽ । ऽ
विनिःसृ	तालोहि	तजिह्व[2]	मुन्मुखम्[2]
। ऽ ।	ऽ ऽ ।	। ऽ ।	ऽ । ऽ
तृषाकु	लंनिःसृ	तमद्रि[3]	गह्वराद्[3]
। ऽ ।	ऽ ऽ ।	। ऽ ।	ऽ । ऽ
गवेष	माणंम	हिषीकु	लंजलम्
। ऽ ।	ऽ ऽ ।	। ऽ ।	ऽ । ऽ

पाद टिप्पणियाँ :

1. इस वंशस्थ पद्य की पहली पंक्ति में लघु अक्षर व के आगे संयुक्त अक्षर क्त्र

आने से और लघु अक्षर स के आगे संयुक्त अक्षर म्प आने से अक्षर व और स की लघु मात्राएँ दीर्घ सिद्ध हुई हैं.

2. इसकी दूसरी पंक्ति में लघु अक्षर जि के आगे संयुक्त अक्षर ह्व आने से और लघु अक्षर मु के आगे संयुक्त अक्षर न्म आने से अक्षर जि और मु की लघु मात्राएँ दीर्घ सिद्ध हुई हैं.

3. इस वंशस्थ पद्य की तीसरी पंक्ति में लघु अक्षर म के आगे संयुक्त अक्षर द्र आने से और लघु अक्षर ग के आगे संयुक्त अक्षर ह्व आने से अक्षर म और ग की लघु मात्राएँ दीर्घ सिद्ध हुई हैं.

(महिष)

दोहा॰ **भैंसे भी मुख सूख कर, प्यासे चाहत नीर ।**
मुख ऊपर करके सड़े, चातक जैसे धीर ।।

1.22

पटुतरदवदाहोच्छुष्कसस्यप्ररोहाः परुषपवनवेगोत्क्षिप्तसंशुष्कपर्णाः ।
दिनकरपरितापक्षीणतोयाः समन्ताद्विदधति भयमुच्चैर्वीक्ष्यमाणा वनान्ताः ॥

न न म य य मालिनी छंद

पटुत	रदव	दाहोच्छु[1]	ष्कसस्य[1]	प्ररोहाः
। । ।	। । ।	ऽ ऽ ऽ	। ऽ ऽ	। ऽ ऽ
परुष	पवन	वेगोत्क्षि[2]	प्तसंशु[2]	ष्कपर्णाः[2]
। । ।	। । ।	ऽ ऽ ऽ	। ऽ ऽ	। ऽ ऽ
दिनक	रपरि	तापक्षी[3]	णतोयाः	समन्तात्[3]
। । ।	। । ।	ऽ ऽ ऽ	। ऽ ऽ	। ऽ ऽ
विदध	तिभय	मुच्चैर्वी[4]	क्ष्यमाणा	वनान्ताः
। । ।	। । ।	ऽ ऽ ऽ	। ऽ ऽ	। ऽ ऽ

पाद टिप्पणियाँ :

1. इस मालिनी छंद की पहली पंक्ति में लघु अक्षर च्छु के आगे संयुक्त अक्षर ष्क आने से और लघु अक्षर स के आगे संयुक्त अक्षर स्य आने से अक्षर च्छु और स की लघु मात्राएँ दीर्घ सिद्ध हुई हैं.

2. इस पद्य की दूसरी पंक्ति में लघु अक्षर त्क्षि के आगे संयुक्त अक्षर प्त आने से,

लघु अक्षर शु के आगे संयुक्त अक्षर ष्क आने से और लघु अक्षर प के आगे संयुक्त अक्षर र्ण आने से अक्षर त्क्षि, शु और प की लघु मात्राएँ दीर्घ सिद्ध हुई हैं.

3. इस पद्य की तीसरी पंक्ति में लघु अक्षर प के आगे संयुक्त अक्षर क्ष आने से और लघु अक्षर म के आगे संयुक्त अक्षर न्त आने से अक्षर प और म की लघु मात्राएँ दीर्घ सिद्ध हुई हैं.
4. इस वंशस्थ पद्य की चौथी पंक्ति में लघु अक्षर मु के आगे संयुक्त अक्षर च्च आने से अक्षर मु की लघु मात्रा दीर्घ सिद्ध हुई है.

(दावानल)

दोहा॰ **दावानल से ग्रीष्म में, जलते सब तरु–बेल ।**
उड़ती हैं चिनगारियाँ, तहस–नहस का खेल ।।

नदी–ताल हैं सूखते, उग्र रूप मार्तंड ।
करने वन का अंत है, आया ताप प्रचंड ।।

1.23

श्वसिति विहगवर्गः शीर्णपर्णद्रुमस्थः कपिकुलमुपयाति क्लान्तमद्रेर्निकुञ्जम् ।
भ्रमति गवययूथः सर्वतस्तोयमिच्छञ्शरभकुलमजिह्मं प्रोद्धरत्यम्बुकूपात् ॥

न न म य य मालिनी छंद

श्वसिति	विहग	वर्गःशी [1]	र्णपर्ण [1]	द्रुमस्थः [1]
। । ।	। । ।	ऽ ऽ ऽ	। ऽ ऽ	। ऽ ऽ
कपिकु	लमुप	यातिक्ला [2]	न्तमद्रे [2]	र्निकुञ्जम् [2]
। । ।	। । ।	ऽ ऽ ऽ	। ऽ ऽ	। ऽ ऽ
भ्रमति	गवय	यूथःस [3]	र्वतस्तो [3]	यमिच्छन् [3]
। । ।	। । ।	ऽ ऽ ऽ	। ऽ ऽ	। ऽ ऽ
शरभ	कुलम	जिह्मंप्रो [4]	द्धरत्य [4]	म्बुकूपात्
। । ।	। । ।	ऽ ऽ ऽ	। ऽ ऽ	। ऽ ऽ

पाद टिप्पणियाँ :

1. इस मालिनी छंद की पहली पंक्ति में लघु अक्षर व के आगे संयुक्त अक्षर र्ग

कालिदास के ऋतुसंहार की छंद मीमांसा

आने से, लघु अक्षर प के आगे संयुक्त अक्षर र्ण आने से, लघु अक्षर र्ण के आगे संयुक्त अक्षर द्र आने से और लघु अक्षर म के आगे संयुक्त अक्षर स्थ आने से अक्षर व, प, र्ण और म की लघु मात्राएँ दीर्घ सिद्ध हुई हैं.

2. इस पद्य की दूसरी पंक्ति में लघु अक्षर ति के आगे संयुक्त अक्षर क्ल आने से, लघु अक्षर म के आगे संयुक्त अक्षर द्र आने से और लघु अक्षर कु के आगे संयुक्त अक्षर ञ्ज आने से अक्षर ति, म और कु की लघु मात्राएँ दीर्घ सिद्ध हुई हैं.
3. इस पद्य की तीसरी पंक्ति में लघु अक्षर स के आगे संयुक्त अक्षर र्व आने से, लघु अक्षर त के आगे संयुक्त अक्षर स्त आने से और लघु अक्षर मि के आगे संयुक्त अक्षर च्छ आने से अक्षर स, त और मि की लघु मात्राएँ दीर्घ सिद्ध हुई हैं.
4. इस मालिनी पद्य की चौथी पंक्ति में लघु अक्षर जि के आगे संयुक्त अक्षर ह्म आने से, लघु अक्षर र के आगे संयुक्त अक्षर त्य आने से और लघु अक्षर त्य के आगे संयुक्त अक्षर म्ब आने से अक्षर जि, र और त्य की लघु मात्राएँ दीर्घ सिद्ध हुई हैं.

(पंछी)

दोहा॰ **पानी के बिन ग्रीष्म में, पत्ते जाते सूख ।**
पक्षी रहते पेड़ पर, सह कर तृष्णा-भूख ।।

1.24

विकचनवकुसुम्भस्वच्छसिन्दूरभासा प्रबलपवनवेगोद्धूतवेगेन तूर्णम् ।
तरुविटपलताग्रालिंगनव्याकुलेन दिशि दिशि परिदग्धा भूमयः पावकेन ॥

न न म य य मालिनी छंद

विकच	नवकु	सुम्भस्व[1]	च्छसिन्दू[1]	रभासा
। । ।	। । ।	ऽ ऽ ऽ	। ऽ ऽ	। ऽ ऽ
प्रबल	पवन	वेगोद्धू	तवेगे	नतूर्णम्
। । ।	। । ।	ऽ ऽ ऽ	। ऽ ऽ	। ऽ ऽ
तरुवि	टपल	ताग्रालिं	गनव्या[2]	कुलेन *
। । ।	। । ।	ऽ ऽ ऽ	। ऽ ऽ	। ऽ ऽ
दिशिदि	शिपरि	दग्धाभू[3]	मयःपा	वकेन

। । ।	। । ।	ऽ ऽ ऽ	। ऽ ऽ	। ऽ । *

* अंतिम 15 वीं लघु (।) मात्रा भी गुरु (ऽ) मानी गयी है.

पाद टिप्पणियाँ :

1. इस मालिनी पद्य की पहली पंक्ति में लघु अक्षर सु के आगे संयुक्त अक्षर म्भ आने से, लघु अक्षर म्भ के आगे संयुक्त अक्षर स्व आने से, लघु अक्षर स्व के आगे संयुक्त अक्षर च्छ आने से और लघु अक्षर सि के आगे संयुक्त अक्षर न्द आने से अक्षर सु, म्भ, स्व और सि की लघु मात्राएँ दीर्घ सिद्ध हुई हैं.
2. इसकी तीसरी पंक्ति में लघु अक्षर न के आगे संयुक्त अक्षर व्य आने से अक्षर न की लघु मात्रा दीर्घ सिद्ध हुई है.
3. इस मालिनी छंद की चौथी पंक्ति में लघु अक्षर द के आगे संयुक्त अक्षर ग्ध आने से अक्षर द की लघु मात्रा दीर्घ सिद्ध हुई है.

(टेसू)

दोहा॰ **कुसुमित वृक्ष पलाश के, रंग अग्नि सा लाल ।**
लगता वन में आग है, ग्रीष्म ऋतु के काल ।।

धरती से आकाश तक, जैसे उड़ा गुलाल ।
या लगता सिंदूर से, पोता देह–कपाल ।।

1.25

ज्वलति पवनवृद्धः पर्वतानां दरीषु स्फुटति पटुनिनादैः शुष्कवंशस्थलीषु ।
प्रसरति तृणमध्ये लब्धवृद्धिः क्षणेन ग्लपयति मृगवर्गं प्रान्तलग्नो दवाग्निः ॥

न न म य य मालिनी छंद

ज्वलति	पवन	वृद्धःप[1]	र्वतानां[1]	दरीषु
। । ।	। । ।	ऽ ऽ ऽ	। ऽ ऽ	। ऽ । *
स्फुटति	पटुनि	नादैःशु[2]	ष्कवंश[2]	स्थलीषु
। । ।	। । ।	ऽ ऽ ऽ	। ऽ ऽ	। ऽ । *
प्रसर	तितृण	मध्येल[3]	ब्धवृद्धिः[3]	क्षणेन
। । ।	। । ।	ऽ ऽ ऽ	। ऽ ऽ	। ऽ । *
ग्लपय	तिमृग	वर्गंप्रा[4]	न्तलग्नो[4]	दवाग्निः

। । ।	। । ।	ऽ ऽ ऽ	। ऽ ऽ	। ऽ ऽ

* अंतिम 15 वीं लघु (।) मात्रा भी गुरु (ऽ) मानी गयी है.

पाद टिप्पणियाँ :

1. इस मालिनी पद्य की पहली पंक्ति में लघु अक्षर वृ के आगे संयुक्त अक्षर द्ध आने से लघु अक्षर वृ की लघु मात्रा दीर्घ सिद्ध हुई है.
2. इसकी दूसरी पंक्ति में लघु अक्षर शु के आगे संयुक्त अक्षर ष्क आने से और लघु अक्षर श के आगे संयुक्त अक्षर स्थ आने से अक्षर शु और श की लघु मात्राएँ दीर्घ सिद्ध हुई हैं.
3. इस मालिनी छंद की तीसरी पंक्ति में लघु अक्षर म के आगे संयुक्त अक्षर ध्य आने से, लघु अक्षर ल के आगे संयुक्त अक्षर ब्ध आने से और लघु अक्षर वृ के आगे संयुक्त अक्षर द्ध आने से अक्षर म, ल और वृ की लघु मात्राएँ दीर्घ सिद्ध हुई हैं.
4. इस मालिनी छंद की चौथी पंक्ति में लघु अक्षर व के आगे संयुक्त अक्षर र्ग आने से और लघु अक्षर ल के आगे संयुक्त अक्षर ग्न आने से अक्षर व और ल की लघु मात्राएँ दीर्घ सिद्ध हुई हैं.

(दावाग्नि)

दोहा॰ **शाख शाख पर रगड़ कर, कहीं लगी है आग ।**
पेड़ बाँस के जल रहे, हिरण रहे हैं भाग ।।

धरती से आकाश तक, जैसे उड़ा गुलाल ।
या लगता सिंदूर से, पोता देह-कपाल ।।

1.26

बहुतर इव जातः शाल्मलीनां वनेषु स्फुरति कनकगौरः कोटरेषु द्रुमाणाम् ।
परिणतदलशाखानुत्पतन्प्रांशुवृक्षान्भ्रमति पवनधूतः सर्वतोऽग्निर्वनान्ते ॥

न न म य य मालिनी छंद

बहुत	रइव	जातःशा	ल्मलीनां	वनेषु
। । ।	। । ।	ऽ ऽ ऽ	। ऽ ऽ	। ऽ । *
स्फुरति	कनक	गौरःको	टरेषु[1]	द्रुमाणाम्

कालिदास के ऋतुसंहार की छंद मीमांसा

। । ।	। । ।	ऽ ऽ ऽ	। ऽ ऽ	। ऽ ऽ
परिण	तदल	शाखानु[2]	त्पतन्प्रां[2]	शुवृक्षाद्[2]
। । ।	। । ।	ऽ ऽ ऽ	। ऽ ऽ	। ऽ ऽ
भ्रमति	पवन	धूतःस[3]	र्वतोऽग्नि[3]	र्वनान्ते
। । ।	। । ।	ऽ ऽ ऽ	। ऽ ऽ	। ऽ ऽ

* अंतिम 15 वीं लघु (।) मात्रा भी गुरु (ऽ) मानी गयी है.

पाद टिप्पणियाँ :

1. इस मालिनी पद्य की दूसरी पंक्ति में लघु अक्षर षु के आगे संयुक्त अक्षर द्र आने से लघु अक्षर षु की लघु मात्रा दीर्घ सिद्ध हुई है.
2. इस मालिनी छंद की तीसरी पंक्ति में लघु अक्षर नु के आगे संयुक्त अक्षर त्प, लघु अक्षर त के आगे संयुक्त अक्षर न्प्र आने से और लघु अक्षर वृ के आगे संयुक्त अक्षर क्ष आने से अक्षर नु, त और वृ की लघु मात्राएँ दीर्घ सिद्ध हुई हैं.
3. इस मालिनी छंद की चौथी पंक्ति में लघु अक्षर स के आगे संयुक्त अक्षर र्व आने से और लघु अक्षर ग्नि के आगे भी संयुक्त अक्षर र्व आने से अक्षर स और ग्नि की लघु मात्राएँ दीर्घ सिद्ध हुई हैं.

(और)

दोहा॰ **वृक्ष जल रहे शाल्मली, लपटें सुवर्ण रंग ।**
ज्वाला चोटी से उठी, जुड़ी गगन के संग ।।

ज्वाला आगे बढ़ रही, बिना किसी भी रोक ।
भ्रमण कर रही विपिन में, जिधर हवा का झोंक ।।

1.27

गजगवयमृगेन्द्रा वह्निसंतप्तदेहाः सुहृद इव समेता द्वन्द्वभावं विहाय ।
हुतवहपरिखेदादाशु निर्गत्य कक्षाद्विपुलपुलिनदेशान्निम्नगां संविशन्ति ॥

न न म य य मालिनी छंद

गजग	वयमृ	गेन्द्राव[1]	ह्निसंत[1]	प्तदेहाः
। । ।	। । ।	ऽ ऽ ऽ	। ऽ ऽ	। ऽ ऽ
सुहृद	इवस	मेताद्व[2]	न्द्वभावं	विहाय

। । ।	। । ।	ऽ ऽ ऽ	। ऽ ऽ	। ऽ । *
हुतव	हपरि	खेदादा	शुनिर्ग[3]	त्यकक्षाद्[3]
। । ।	। । ।	ऽ ऽ ऽ	। ऽ ऽ	। ऽ ऽ
विपुल	पुलिन	देशान्नि[4]	म्नगांसं	विशन्ति[4]
। । ।	। । ।	ऽ ऽ ऽ	। ऽ ऽ	। ऽ । *

* अंतिम 15 वीं लघु (।) मात्रा भी गुरु (ऽ) मानी गयी है.

पाद टिप्पणियाँ :

1. इस मालिनी पद्य की पहली पंक्ति में लघु अक्षर व के आगे संयुक्त अक्षर ह्व आने से और लघु अक्षर त के आगे संयुक्त अक्षर प्त आने से अक्षर व और त की लघु मात्राएँ दीर्घ सिद्ध हुई हैं.
2. इसकी दूसरी पंक्ति में लघु अक्षर द्व के आगे संयुक्त अक्षर न्द्व आने से अक्षर द्व की लघु मात्रा दीर्घ सिद्ध हुई है
3. इस मालिनी छंद की तीसरी पंक्ति में लघु अक्षर नि के आगे संयुक्त अक्षर र्ग आने से, लघु अक्षर र्ग के आगे संयुक्त अक्षर त्य आने से और लघु अक्षर क के आगे संयुक्त अक्षर क्ष आने से अक्षर नि, र्ग और क की लघु मात्राएँ दीर्घ सिद्ध हुई हैं.
4. इस मालिनी छंद की चौथी पंक्ति में लघु अक्षर न्नि के आगे संयुक्त अक्षर म्न आने से और लघु अक्षर श के अगे संयुक्त अक्षर न्त आने से अक्षर न्नि और श की लघु मात्राएँ दीर्घ सिद्ध हुई हैं.

(हे सुललितगीते!)

दोहा॰ **वन के पशु सब त्रस्त हैं, हाथी मृग कपि शेर ।**
भाग रहे, या हो रहे, दावानल में ढेर ।।

बैर आपसी भूल कर, आए हैं सब संग ।
कूद रहे नद-नीर में, ठंडा करने अंग ।।

1.28

कमलवनचिताम्बुः पाटलामोदरम्यः सुखसलिलनिषेकः सेव्यचन्द्रांशुहारः ।
व्रजतु तव निदाघः कामिनीभिः समेतो निशि सुललितगीतैर्हर्म्यपृष्ठे सुखेन ॥

न न म य य मालिनी छंद

कमल	वनचि	ताम्बुःपा	टलामो	दरम्यः[1]
। । ।	। । ।	ऽ ऽ ऽ	। ऽ ऽ	। ऽ ऽ
सुखस	लिलनि	षेकःसे	व्यचन्द्रां[2]	शुहारः
। । ।	। । ।	ऽ ऽ ऽ	। ऽ ऽ	। ऽ ऽ
व्रजतु	तवनि	दाघःका	मिनीभिः	समेतः
। । ।	। । ।	ऽ ऽ ऽ	। ऽ ऽ	। ऽ ऽ
निशिसु	ललित	गीतैर्ह[3]	र्म्यपृष्ठे[3]	सुखेन
। । ।	। । ।	ऽ ऽ ऽ	। ऽ ऽ	। ऽ । *

* अंतिम 15 वीं लघु (।) मात्रा भी गुरु (ऽ) मानी गयी है.

पाद टिप्पणियाँ :

1. इस मालिनी छंद की पहली पंक्ति में लघु अक्षर र के आगे संयुक्त अक्षर म्य आने से अक्षर र की लघु मात्रा दीर्घ सिद्ध हुई हैं
2. इसकी दूसरी पंक्ति में लघु अक्षर च के आगे संयुक्त अक्षर न्द्र आने से अक्षर च की लघु मात्रा दीर्घ सिद्ध हुई है.
3. इस मालिनी छंद की चौथी पंक्ति में लघु अक्षर र्ह के आगे संयुक्त अक्षर र्म्य आने से और लघु अक्षर पृ के आगे संयुक्त अक्षर ष्ठ आने से अक्षर र्ह और पृ की लघु मात्राएँ दीर्घ सिद्ध हुई हैं.

दोहा० **ग्रीष्म ऋतु के अंत में, जब आयी बरसात ।**
कमल फूल तालाब में, महक रहे दिन-रात ।।

सुंदर सुमन गुलाब के, कुमुद जवा कचनार ।
जिनके सौरभ से भरी, सकल दिशाएँ चार ।।

अतः सुनो, हे कामिनी! हो जाओ खुशहाल ।
अटारियों पर बैठ कर, ढले ग्रीष्म का काल ।।

हुआ ग्रीष्म जब इस तरह, मौसम उग्र समाप्त ।
वर्षा ऋतु सुखदायिनी, हुई प्रतीक्षित प्राप्त ।।

॥ इति ग्रीष्मः ॥

२

ऋतुसंहार द्वितीय सर्ग

वर्षा ऋतु

(यक्ष उवाच)

॥ अथ वर्षा ॥

2.1

ससीकराम्भोधरमत्तकुञ्जरस्तडित्पताकोऽशनिशब्दमर्दलः ।
समागतो राजवदुद्धतद्युतिर्घनागमः कामिजनप्रियः प्रिये ॥

ज त ज र वंशस्थ छंद

ससीक	राम्भोध	रमत्त [1]	कुञ्जरः [1]
। ऽ ।	ऽ ऽ ।	। ऽ ।	ऽ । ऽ
तडित्प [2]	ताकोऽश	निशब्द [2]	मर्दलः [2]
। ऽ ।	ऽ ऽ ।	। ऽ ।	ऽ । ऽ
समाग	तोराज	वदुद्ध [3]	तद्युतिः [3]
। ऽ ।	ऽ ऽ ।	। ऽ ।	ऽ । ऽ
घनाग	मःकामि	जनप्रि [4]	यःप्रिये
। ऽ ।	ऽ ऽ ।	। ऽ ।	ऽ । ऽ

पाद टिप्पणियाँ :

1. इस वंशस्थ छंद की पहलो पंक्ति में लघु अक्षर म के आगे संयुक्त अक्षर त्त आने से और लघु अक्षर कु के आगे संयुक्त अक्षर ञ्ज आने से अक्षर म और कु की लघु मात्राएँ दीर्घ सिद्ध हुई हैं.

2. इसकी दूसरी पंक्ति में लघु अक्षर डि के आगे संयुक्त अक्षर त्प आने से, लघु अक्षर श के आगे संयुक्त अक्षर ब्द आने से और लघु अक्षर म के आगे संयुक्त अक्षर र्द आने से अक्षर डि, श और म की लघु मात्राएँ दीर्घ सिद्ध हुई हैं.
3. इस छंद की तीसरी पंक्ति में लघु अक्षर दु के आगे संयुक्त अक्षर द्ध आने से, और लघु अक्षर त के आगे संयुक्त अक्षर द्य आने से अक्षर दु और त की लघु मात्राएँ दीर्घ सिद्ध हुई हैं.
4. इस वंशस्थ पद्य की चौथी पंक्ति में लघु अक्षर न के आगे संयुक्त अक्षर प्र आने से अक्षर ज की लघु मात्रा दीर्घ सिद्ध हुई है.

(वर्षा का आगमन)

(हे यक्षिणी!)

दोहा॰ **समाप्त होकर ग्रीष्म का, दुख दायक वह काल ।**
वर्षा का मौसम, प्रिये! आया है सत्काल ।।

प्रपात से जल बिंदु के, भरे जलाशय ताल ।
जल में हाथी मत्त हैं, प्रणयीं करत कमाल ।।

कामी जन अनुकूल जो, करने अपने काम ।
ग्रीष्म समय की क्लिष्ट वो, करने दूर थकान ।।

आया अब वर्षा समाँ, बिजली को चमकाय ।
साथ वज्र की गर्जना, बादल विशालकाय ।।

2.2

नितान्तनीलोत्पलपत्रकान्तिभिः क्वचित्प्रभिन्नाञ्जनरागसंनिभैः ।
क्वचित्सगर्भप्रमदास्तनप्रभैः समाचितं व्योम घनैः समन्ततः ॥

ज त ज र वंशस्थ छंद

नितान्त	नीलोत्प	लपत्र[1]	कान्तिभिः
। ऽ ।	ऽ ऽ ।	। ऽ ।	ऽ । ऽ
क्वचित्प्र[2]	भिन्नाञ्ज[2]	नराग	संनिभैः
। ऽ ।	ऽ ऽ ।	। ऽ ।	ऽ । ऽ

क्वचित्स[3]	गर्भप्र[3]	मदास्त	नप्रभैः[3]
। ऽ ।	ऽ ऽ ।	। ऽ ।	ऽ । ऽ
समाचि	तंव्योम	घनैःस	मन्ततः[4]
। ऽ ।	ऽ ऽ ।	। ऽ ।	ऽ । ऽ

पाद टिप्पणियाँ :

1. इस वंशस्थ छंद की पहली पंक्ति में लघु अक्षर प के आगे संयुक्त अक्षर त्र आने से अक्षर प की लघु मात्रा दीर्घ सिद्ध हुई है.
2. इसकी दूसरी पंक्ति में लघु अक्षर चि के आगे संयुक्त अक्षर त्प्र आने से और लघु अक्षर भि के आगे संयुक्त अक्षर न्न आने से अक्षर चि और भि की लघु मात्राएँ दीर्घ सिद्ध हुई हैं.
3. इस छंद की तीसरी पंक्ति में लघु अक्षर चि के आगे संयुक्त अक्षर त्स आने से, लघु अक्षर ग के आगे संयुक्त अक्षर र्भ आने से, लघु अक्षर र्भ के आगे संयुक्त अक्षर प्र आने से और लघु अक्षर न के आगे भी संयुक्त अक्षर प्र आने से अक्षर चि, ग, र्भ और न की लघु मात्राएँ दीर्घ सिद्ध हुई हैं.
4. इस वंशस्थ पद्य की चौथी पंक्ति में लघु अक्षर म के आगे संयुक्त अक्षर न्त आने से अक्षर म की लघु मात्रा दीर्घ सिद्ध हुई है.

(मेघ)

दोहा॰ **नीलवर्ण आकाश में, कहीं मेघ हैं सान्द्र ।**
श्याम वर्ण बादल कहीं, गरज रहे हैं सार्द्र ।।

गर्भवती के स्तन नुमा, धारण कर आकार ।
मेघों ने सब ओर से, घेर रखा आकाश ।।

2.3

तृषाकुलैश्चातकपक्षिणां कुलैः प्रयाचितास्तोयभरावलम्बिनः ।
प्रयान्ति मन्दं बहुधारवर्षिणो बलाहकाः श्रोत्रमनोहरस्वनाः ॥

ज त ज र वंशस्थ छंद

तृषाकु	लैश्चात	कपक्षि[1]	णांकुलैः
। ऽ ।	ऽ ऽ ।	। ऽ ।	ऽ । ऽ

प्रयाचि	तास्तोय	भराव	लम्बिनः[2]
। ऽ ।	ऽ ऽ ।	। ऽ ।	ऽ । ऽ
प्रयान्ति	मन्दंब[3]	हुधार	वर्षिणो[3]
। ऽ ।	ऽ ऽ ।	। ऽ ।	ऽ । ऽ
बलाह	काःश्रोत्र	मनोह	रस्वनाः[4]
। ऽ ।	ऽ ऽ ।	। ऽ ।	ऽ । ऽ

पाद टिप्पणियाँ :

1. इस वंशस्थ छंद की पहली पंक्ति में लघु अक्षर प के आगे संयुक्त अक्षर क्ष आने से अक्षर प की लघु मात्रा दीर्घ सिद्ध हुई है.
2. इसकी दूसरी पंक्ति में लघु अक्षर ल के आगे संयुक्त अक्षर म्ब आने से अक्षर ल की लघु मात्रा दीर्घ सिद्ध हुई है.
3. इस छंद की तीसरी पंक्ति में लघु अक्षर म के आगे संयुक्त अक्षर न्द आने से और लघु अक्षर व के आगे संयुक्त अक्षर र्ष आने से अक्षर म और व की लघु मात्राएँ दीर्घ सिद्ध हुई हैं.
4. इस वंशस्थ पद्य की चौथी पंक्ति में लघु अक्षर र के आगे संयुक्त अक्षर स्व आने से अक्षर र की लघु मात्रा दीर्घ सिद्ध हुई है.

दोहा॰ चातक खग की प्रार्थना, करने को स्वीकार ।
जल से पूरित मेघ हैं, पावस को तैयार ।।

2.4

बलाहकाश्चाशनिशब्दमर्दलाः सुरेन्द्रचापं दधतस्तडिद्गुणम् ।
सुतीक्ष्णधारापतनोग्रसायकैस्तुदन्ति चेतः प्रसभं प्रवासिनाम् ॥

ज त ज र वंशस्थ छंद

बलाह	काश्चाश	निशब्द[1]	मर्दलाः[1]
। ऽ ।	ऽ ऽ ।	। ऽ ।	ऽ । ऽ
सुरेन्द्र	चापंद	धतस्त[2]	डिद्गुणम्[2]
। ऽ ।	ऽ ऽ ।	। ऽ ।	ऽ । ऽ
सुतीक्ष्ण	धाराप	तनोग्र	सायकैः

। ऽ ।	ऽ ऽ ।	। ऽ ।	ऽ । ऽ
तुदन्ति[3]	चेतःप्र	सभंप्र	वासिनाम्
। ऽ ।	ऽ ऽ ।	। ऽ ।	ऽ । ऽ

पाद टिप्पणियाँ :

1. इस वंशस्थ छंद की पहली पंक्ति में लघु अक्षर श के आगे संयुक्त अक्षर ब्द आने से अक्षर श की लघु मात्रा दीर्घ सिद्ध हुई है.
2. इसकी दूसरी पंक्ति में लघु अक्षर त के आगे संयुक्त अक्षर स्त आने से और लघु अक्षर डि के आगे संयुक्त अक्षर द्र आने से अक्षर त और डि की लघु मात्राएँ दीर्घ सिद्ध हुई हैं.
3. इस छंद की चौथी पंक्ति में लघु अक्षर द के आगे संयुक्त अक्षर न्त आने से अक्षर द की लघु मात्रा दीर्घ सिद्ध हुई है.

दोहा॰ **वज्रपात रणवाद्य है, विद्युत है प्रत्यंच ।**
इंद्र देव का धनुष ये, नभ है जिसका मंच ।।

जल धाराएँ बाण हैं, करते वर्षापात ।
प्रवासियों के अंग पर, करते क्लेशाघात ।।

2.5

प्रभिन्नवैदूर्यनिभैस्तृणान्कुरैः समाचिता प्रोत्थितकन्दलीदलैः ।
विभाति शुक्लेतररत्नभूषिता वाराङ्गनेव क्षितिरिन्द्रगोपकैः ॥

ज त ज र वंशस्थ छंद

प्रभिन्न[1]	वैदूर्य	निभैस्तृ	णान्कुरैः
। ऽ ।	ऽ ऽ ।	। ऽ ।	ऽ । ऽ
समाचि	ताप्रोत्थि	तकन्द[2]	लीदलैः
। ऽ ।	ऽ ऽ ।	। ऽ ।	ऽ । ऽ
विभाति	शुक्लेत[3]	ररत्न[3]	भूषिता
। ऽ ।	ऽ ऽ ।	। ऽ ।	ऽ । ऽ
वाराङ्ग	नेवक्षि[4]	तिरिन्द्र[4]	गोपकैः

। ऽ ।	ऽ ऽ ।	। ऽ ।	ऽ । ऽ

पाद टिप्पणियाँ :

1. इस वंशस्थ छंद की पहली पंक्ति में लघु अक्षर भि के आगे संयुक्त अक्षर न्न आने से अक्षर भि की लघु मात्रा दीर्घ सिद्ध हुई है.
2. इसकी दूसरी पंक्ति में लघु अक्षर क के आगे संयुक्त अक्षर न्द आने से अक्षर क की लघु मात्रा दीर्घ सिद्ध हुई है.
3. इस छंद की तीसरी पंक्ति में लघु अक्षर शु के आगे संयुक्त अक्षर क्ल आने से और लघु अक्षर र के आगे संयुक्त अक्षर त्न आने से अक्षर शु और र की लघु मात्राएँ दीर्घ सिद्ध हुई हैं.
4. इस वंशस्थ पद्य की चौथी पंक्ति में लघु अक्षर व के आगे संयुक्त अक्षर क्ष आने से और लघु अक्षर रि के आगे संयुक्त अक्षर न्द्र आने से अक्षर व और रि की लघु मात्राएँ दीर्घ सिद्ध हुई हैं.

दोहा॰ मूँगा मणि के काँति के, चमकीले खलिहान ।
वर्षा के संभोग से, दारांगना समान ।।

2.6

सदा मनोज्ञं सुरतोत्सवोत्सुकं विकीर्णविस्तीर्णकलापशोभितम् ।
ससम्भ्रमालिङ्गनचुम्बनाकुलम् प्रवृत्तनृत्यं कुलमद्य बर्हिणाम् ॥

ज त ज र वंशस्थ छंद

सदाम	नोज्ञंसु	रतोत्स	वोत्सुकम्
। ऽ ।	ऽ ऽ ।	। ऽ ।	ऽ । ऽ
विकीर्ण	विस्तीर्ण[1]	कलाप	शोभितम्
। ऽ ।	ऽ ऽ ।	। ऽ ।	ऽ । ऽ
ससम्भ्र[2]	मालिङ्ग[2]	नचुम्ब[2]	नाकुलम्
। ऽ ।	ऽ ऽ ।	। ऽ ।	ऽ । ऽ
प्रवृत्त[3]	नृत्यंकु[3]	लमद्य[3]	बर्हिणाम्[3]
। ऽ ।	ऽ ऽ ।	। ऽ ।	ऽ । ऽ

कालिदास के ऋतुसंहार की छंद मीमांसा

पाद टिप्पणियाँ :

1. इस छंद की दूसरी पंक्ति में लघु अक्षर वि के आगे संयुक्त अक्षर स्त आने से अक्षर वि की लघु मात्रा दीर्घ सिद्ध हुई है.
2. इस छंद की तीसरी पंक्ति में लघु अक्षर स के आगे संयुक्त अक्षर म्भ्र आने से, लघु अक्षर लि के आगे संयुक्त अक्षर ङ्ग आने से और लघु अक्षर चु के आगे संयुक्त अक्षर म्ब आने से अक्षर स, लि और चु की लघु मात्राएँ दीर्घ सिद्ध हुई हैं.
3. इस वंशस्थ पद्य की चौथी पंक्ति में लघु अक्षर वृ के आगे संयुक्त अक्षर त्त आने से, लघु अक्षर नृ के आगे संयुक्त अक्षर त्य आने से, लघु अक्षर म के आगे संयुक्त अक्षर द्य आने से और लघु अक्षर ब के आगे संयुक्त अक्षर र्ह आने से अक्षर वृ, नृ, म और ब की लघु मात्राएँ दीर्घ सिद्ध हुई हैं.

(मयूर गण)

दोहा॰ **मेघ गर्जना के सदा, अभिलाषी खग मोर ।**
केकी रव हैं कर रहे, प्रेम-पुलक की तौर ।।

चुंबन के व्याकुल हुए, प्रणय भाव संलग्न ।
आलिंगन प्रवृत्त हैं, मोर नृत्य में मग्न ।।

सुंदर पृच्छकलाप को, करके शोभावान ।
वर्षा के सत्कार में, शीश किए उत्थान ।।

2.7

निपातयन्त्यः परितस्तटद्रुमान्प्रवृद्धवेगैः सलिलैरनिर्मलैः ।
स्त्रियः प्रदुष्टा इव जातविभ्रमाः प्रयान्ति नद्यस्त्वरितं पयोनिधिम् ॥

ज त ज र वंशस्थ छंद

निपात	यन्त्यःप[1]	रितस्त[1]	टद्रुमान्[1]
। ऽ ।	ऽ ऽ ।	। ऽ ।	ऽ । ऽ
प्रवृद्ध[2]	वेगैःस	लिलैर	निर्मलैः[2]
। ऽ ।	ऽ ऽ ।	। ऽ ।	ऽ । ऽ

स्त्रियःप्र	दुष्टाइ[3]	वजात	विभ्रमाः[3]
। ऽ ।	ऽ ऽ ।	। ऽ ।	ऽ । ऽ
प्रयान्ति	नद्यस्त्व[4]	रितंप	योनिधिम्
। ऽ ।	ऽ ऽ ।	। ऽ ।	ऽ । ऽ

पाद टिप्पणियाँ :

1. इस वंशस्थ छंद की प्रथम पंक्ति में लघु अक्षर य के आगे संयुक्त अक्षर न्त्य आने से, लघु अक्षर त के आगे संयुक्त अक्षर स्त आने से और लघु अक्षर ट के आगे संयुक्त अक्षर द्र आने से अक्षर य, त और ट की लघु मात्राएँ दीर्घ सिद्ध हुई हैं.
2. इस छंद की दूसरी पंक्ति में लघु अक्षर वृ के आगे संयुक्त अक्षर द्ध आने से और लघु अक्षर नि के आगे संयुक्त अक्षर र्म आने से अक्षर वृ और नि की लघु मात्राएँ दीर्घ सिद्ध हुई हैं.
3. इस छंद की तीसरी पंक्ति में लघु अक्षर दु के आगे संयुक्त अक्षर ष्ट आने से और लघु अक्षर वि के आगे संयुक्त अक्षर भ्र आने से अक्षर दु और वि की लघु मात्राएँ दीर्घ सिद्ध हुई हैं.
4. इस वंशस्थ पद्य की चौथी पंक्ति में लघु अक्षर न के आगे संयुक्त अक्षर द्य आने से और लघु अक्षर द्य के आगे संयुक्त अक्षर स्त्व आने से अक्षर न और द्य की लघु मात्राएँ दीर्घ सिद्ध हुई हैं.

(नदियाँ)

दोहा॰ नदियाँ भर कर नीर को, चलीं सिंधु की ओर ।
नखरा दिखलाती हुईं, कामुक रमणी तौर ।।

2.8

तृणोत्करैरुद्गतकोमलाङ्कुरैर्विचित्रनीलैर्हरिणीमुखक्षतैः ।
वनानि वैन्ध्यानि हरन्ति मानसं विभूषितान्युद्गतपल्लवैर्द्रुमैः ॥

ज त ज र वंशस्थ छंद

तृणोत्क	रैरुद्ग[1]	तकोम	लाङ्कुरैः
। ऽ ।	ऽ ऽ ।	। ऽ ।	ऽ । ऽ

विचित्र[2]	नीलैर्ह	रिणीमु	खक्षतैः[2]
। ऽ ।	ऽ ऽ ।	। ऽ ।	ऽ । ऽ
वनानि	वैन्ध्यानि	हरन्ति[3]	मानसम्
। ऽ ।	ऽ ऽ ।	। ऽ ।	ऽ । ऽ
विभूषि	तान्युद्ग[4]	तपल्ल[4]	वैर्द्रुमैः
। ऽ ।	ऽ ऽ ।	। ऽ ।	ऽ । ऽ

पाद टिप्पणियाँ :

1. इस वंशस्थ छंद की प्रथम पंक्ति में लघु अक्षर रु के आगे संयुक्त अक्षर द्र आने से अक्षर रु की लघु मात्रा दीर्घ सिद्ध हुई है.
2. इस छंद की दूसरी पंक्ति में लघु अक्षर चि के आगे संयुक्त अक्षर त्र आने से और लघु अक्षर ख के आगे संयुक्त अक्षर क्ष आने से अक्षर चि और ख की लघु मात्राएँ दीर्घ सिद्ध हुई हैं.
3. इस छंद की तीसरी पंक्ति में लघु अक्षर र के आगे संयुक्त अक्षर न्त आने से अक्षर र की लघु मात्रा दीर्घ सिद्ध हुई है.
4. इस वंशस्थ पद्य की चौथी पंक्ति में लघु अक्षर न्यु के आगे संयुक्त अक्षर द्ग आने से और लघु अक्षर प के आगे संयुक्त अक्षर ल्ल आने से अक्षर न्यु और प की लघु मात्राएँ दीर्घ सिद्ध हुई हैं.

(पल्लवी)
(हे यक्षिणी)

दोहा॰ **वृक्ष-लताओं पर नए, उग आए हैं पात ।**
अध-खाए तृण, हिरण के, हरे मृदुल नवजात ।।

निहार शोभा पर्ण की, पुलकित होता चित्त ।
वर्षा ऋतु की स्तुति करें, मन से इसी निमित्त ।।

2.9

विलोलनेत्रोत्पलशोभिताननैर्मृगैः समन्तादुपजातसाध्वसैः ।
समाचिता सैकतिनी वनस्थली समुत्सुकत्वं प्रकरोति चेतसः ॥

ज त ज र वंशस्थ छंद

विलोल	नेत्रोत्प	लशोभि	ताननैः
।ऽ।	ऽऽ।	।ऽ।	ऽ।ऽ
मृगैःस	मन्तादु[1]	पजात	साध्वसैः
।ऽ।	ऽऽ।	।ऽ।	ऽ।ऽ
समाचि	तासैक	तिनीव	नस्थली[2]
।ऽ।	ऽऽ।	।ऽ।	ऽ।ऽ
समुत्सु[3]	कत्वंप्र[3]	करोति	चेतसः
।ऽ।	ऽऽ।	।ऽ।	ऽ।ऽ

पाद टिप्पणियाँ :

1. इस छंद की दूसरी पंक्ति में लघु अक्षर म के आगे संयुक्त अक्षर न्त आने से अक्षर म की लघु मात्रा दीर्घ सिद्ध हुई हैं
2. इस छंद की तीसरी पंक्ति में लघु अक्षर न के आगे संयुक्त अक्षर स्थ आने से अक्षर न की लघु मात्रा दीर्घ सिद्ध हुई है.
3. इस वंशस्थ पद्य की चौथी पंक्ति में लघु अक्षर मु के आगे संयुक्त अक्षर त्स आने से और लघु अक्षर क के आगे संयुक्त अक्षर त्व आने से अक्षर मु और क की लघु मात्राएँ दीर्घ सिद्ध हुई हैं.

(हे प्रिये!)

दोहा॰ **और सुनो मुझसे, प्रिये! मृगनयनी के रंग ।**
कमललोचना चंचला, मन को देत उमंग ।।

वर्षा ऋतु की रम्यता, करने को दीदार ।
भोग विलासी नर सदा, रहता है तैयार ।।

2.10

अभीक्ष्णमुच्चैर्ध्वनतां पयोमुचां घनान्धकारीकृतशर्वरीष्वपि ।
तडित्प्रभादर्शितमार्गभूमयः प्रयान्ति रागादभिसारिकाः स्त्रियः ॥

ज त ज र वंशस्थ छंद

अभीक्ष्ण	मुच्चैर्ध्व[1]	नतांप	योमुचाम्

। ऽ ।	ऽ ऽ ।	। ऽ ।	ऽ । ऽ
घनान्ध	कारीकृ	तशर्व[2]	रीष्वपि
। ऽ ।	ऽ ऽ ।	। ऽ ।	ऽ । ऽ
तडित्प्र[3]	भादर्शि[3]	तमार्ग	भूमयः
। ऽ ।	ऽ ऽ ।	। ऽ ।	ऽ । ऽ
प्रयान्ति	रागाद	भिसारि	काःस्त्रियः
। ऽ ।	ऽ ऽ ।	। ऽ ।	ऽ । ऽ

पाद टिप्पणियाँ :

1. इस छंद की प्रथम पंक्ति में लघु अक्षर मु के आगे संयुक्त अक्षर च्च आने से अक्षर मु की लघु मात्रा दोर्घ सिद्ध हुई हैं
2. इस छंद की दूसरी पंक्ति में लघु अक्षर श के आगे संयुक्त अक्षर र्व आने से अक्षर श की लघु मात्रा दीर्घ सिद्ध हुई हैं
3. इस छंद की तीसरी पंक्ति में लघु अक्षर डि के आगे संयुक्त अक्षर त्प्र आने से और लघु अक्षर द के आगे संयुक्त अक्षर र्श आने से अक्षर डि और द की लघु मात्राएँ दीर्घ सिद्ध हुई हैं.

(अभिसारिका)

दोहा॰ **पिया मिलन को जा रही, धर कर मन अनुराग ।**
रति–प्यासी अभिसारिका, प्रखर प्रेम की आग ।।

बादल हैं मँडरा रहे, करके रव गंभीर ।
अंधकार है मार्ग में, वर्षा और समीर ।।

बिजली के आलोक में, दिखे गमन की राह ।
वर्षा के माहौल में, सौदामिनी अथाह ।।

2.11

पयोधरैर्भीमगभीरनिःस्वनैस्तडिद्भिरुद्वेजितचेतसो भृशम् ।
कृतापराधानपि योषितः प्रियान्परिष्वजन्ते शयने निरन्तरम् ॥

ज त ज र वंशस्थ छंद

पयोध	रैर्भीम	गभीर	निःस्वनैः
। ऽ ।	ऽ ऽ ।	। ऽ ।	ऽ । ऽ
तडिद्भि[1]	रुद्वेजि[1]	तचेत	सोभृशम्
। ऽ ।	ऽ ऽ ।	। ऽ ।	ऽ । ऽ
कृताप	राधान	पियोषि	तःप्रियान्
। ऽ ।	ऽ ऽ ।	। ऽ ।	ऽ । ऽ
परिष्व[2]	जन्तेश[2]	यनेनि	रन्तरम्[2]
। ऽ ।	ऽ ऽ ।	। ऽ ।	ऽ । ऽ

पाद टिप्पणियाँ :

1. इस छंद की दूसरी पंक्ति में लघु अक्षर डि के आगे संयुक्त अक्षर द्भ आने से और लघु अक्षर रु के आगे संयुक्त अक्षर द्व आने से अक्षर डि और रु की लघु मात्राएँ दीर्घ सिद्ध हुई हैं.
2. इस छंद की चौथी पंक्ति में लघु अक्षर रि के आगे संयुक्त अक्षर ष्व आने से, लघु अक्षर ज के आगे संयुक्त अक्षर न्त आने से और लघु अक्षर र के आगे भी संयुक्त अक्षर न्त आने से अक्षर रि, ज और र की लघु मात्राएँ दीर्घ सिद्ध हुई हैं.

दोहा० **तड़क तडित की दमक है, भीषण जिसका वेग ।**
घोर गर्जना मेघ की, देती मन उद्वेग ।।

ऐसी वर्षा–रात में, रमणी पति के साथ ।
सोती आलिंगन किए, कस कर जकड़े हाथ ।।

2.12

विलोचनेन्दीवरवारिबिन्दुभिर्निषिक्तबिम्बाधरचारुपल्लवाः ।
निरस्तमाल्याभरणानुलेपनाः स्थिता निराशाः प्रमदाः प्रवासिनाम् ॥

ज त ज र वंशस्थ छंद

विलोच	नेन्दीव	रवारि	बिन्दुभिः[1]
। ऽ ।	ऽ ऽ ।	। ऽ ।	ऽ । ऽ

निषिक्त[2]	बिम्बाध-[2]	रचारु	पल्लवाः[2]
। ऽ ।	ऽ ऽ ।	। ऽ ।	ऽ । ऽ
निरस्त[3]	माल्याभ	रणानु	लेपनाः
। ऽ ।	ऽ ऽ ।	। ऽ ।	ऽ । ऽ
स्थितानि	राशाःप्र	मदाःप्र	वासिनाम्
। ऽ ।	ऽ ऽ ।	। ऽ ।	ऽ । ऽ

पाद टिप्पणियाँ :

1. इस छंद की प्रथम पंक्ति नें लघु अक्षर बि के आगे संयुक्त अक्षर न्द आने से अक्षर बि की लघु मात्रा दीर्घ सिद्ध हुई हैं
2. इस वंशस्थ छंद की दूसरी पंक्ति में लघु अक्षर षि के आगे संयुक्त अक्षर क्त, लघु अक्षर बि के आगे संयुक्त अक्षर म्ब आने से और लघु अक्षर प के आगे संयुक्त अक्षर ल्ल आने से अक्षर षि, बि और प की लघु मात्राएँ दीर्घ सिद्ध हुई हैं.
3. इस छंद की तीसरी पंक्ति में लघु अक्षर र के आगे संयुक्त अक्षर स्त आने से अक्षर र की लघु मात्रा दीर्घ सिद्ध हुई हैं

(मगर, हे प्रिये!)

दोहा॰ **मगर सुनो तुम, हे प्रिये! एक रंज की बात ।**
कुछ ललनाओं की कभी, बीते दुख में रात ।।

नयनकमल से टिपकते, अश्रु-बिंदु के साथ ।
ओष्ठरूप किसलय धुले, बिना लगाए हाथ ।।

ललनाएँ जो विरह में, बैठी हुई निराश ।
गहने-चंदन त्याग कर, जो हैं हुई हताश ।।

2.13

विपाण्डुरं कीटरजस्तृणान्वितं भुजङ्गवद्वक्रगतिप्रसर्पितम् ।
ससाध्वसैर्भेककुलैर्निरीक्षितं प्रयाति निम्नाभिमुखं नवोदकम् ॥

ज त ज र वंशस्थ छंद

विपाण्डु	रंकीट	रजस्तृ [1]	णान्वितम्
। ऽ ।	ऽ ऽ ।	। ऽ ।	ऽ । ऽ
भुजङ्ग [1]	वद्रक्र [2]	गतिप्र [2]	सर्पितम् [2]
। ऽ ।	ऽ ऽ ।	। ऽ ।	ऽ । ऽ
ससाध्व	सैर्भेक	कुलैर्नि	रीक्षितम्
। ऽ ।	ऽ ऽ ।	। ऽ ।	ऽ । ऽ
प्रयाति	निम्नाभि [3]	मुखंन	वोदकम्
। ऽ ।	ऽ ऽ ।	। ऽ ।	ऽ । ऽ

पाद टिप्पणियाँ :

1. इस वंशस्थ छंद की प्रथम पंक्ति में लघु अक्षर ज के आगे संयुक्त अक्षर स्त आने से अक्षर ज की लघु मात्रा दीर्घ सिद्ध हुई हैं
2. इस छंद की दूसरी पंक्ति में लघु अक्षर ज के आगे संयुक्त अक्षर ङ्ग आने से, लघु अक्षर व के आगे संयुक्त अक्षर लघु अक्षर द्व आने से, अक्षर द्व के आगे संयुक्त अक्षर क्र आने से, लघु अक्षर ति के आगे संयुक्त अक्षर प्र आने से और लघु अक्षर स के आगे संयुक्त अक्षर र्प आने से अक्षर ज, व, द्व, ति और स की लघु मात्राएँ दीर्घ सिद्ध हुई हैं.
3. इस छंद की चौथी पंक्ति में लघु अक्षर नि के आगे संयुक्त अक्षर म्न आने से अक्षर नि की लघु मात्रा दीर्घ सिद्ध हुई है.

(नूतन वर्षा)

दोहा॰ **नूतन वर्षा की नयी, निकली जो जल धार ।**
तृण तिनके धूली लिए, बहती सर्पाकार ।।

(भेक = मेंढक, दादुर)

दोहा॰ **सर्पाकार प्रवाह में, देख रहे हैं भेक ।**
जिसमें उनको मिल रहे, सफेद कीट अनेक ।।

पराग भी हैं नीर में, दादुरियों का प्रिय ।
वर्षा का नव नीर वो, सबका हितकरणीय ।।

2.14

विपन्नपुष्पां नलिनीं समुत्सुकां विहाय भृङ्गाः श्रुतिहारिनिःस्वनाः ।
पतन्ति मूढाः शिखिनां प्रनृत्यतां कलापचक्रेषु नवोत्पलाशया ॥

ज त ज र वंशस्थ छंद

विपन्न[1]	पुष्पांन[1]	लिनींस	मुत्सुकाम्[1]
। ऽ ।	ऽ ऽ ।	। ऽ ।	ऽ । ऽ
विहाय	भृङ्गाःश्रु[2]	तिहारि	निःस्वनाः
। ऽ ।	ऽ ऽ ।	। ऽ ।	ऽ । ऽ
पतन्ति[3]	मूढाःशि	खिनांप्र	नृत्यताम्[3]
। ऽ ।	ऽ ऽ ।	। ऽ ।	ऽ । ऽ
कलाप	चक्रेषु[4]	नवोत्प	लाशया
। ऽ ।	ऽ ऽ ।	। ऽ ।	ऽ । ऽ

पाद टिप्पणियाँ :

1. इस छंद की प्रथम पंक्ति में लघु अक्षर प के आगे संयुक्त अक्षर न्न, लघु अक्षर पु के आगे संयुक्त अक्षर ष्प आने से और लघु अक्षर मु के आगे संयुक्त अक्षर त्स आने से अक्षर प, पु और मु की लघु मात्राएँ दीर्घ सिद्ध हुई हैं.
2. इस वंशस्थ छंद की दूसरी पंक्ति में लघु अक्षर भृ के आगे संयुक्त अक्षर ङ्ग आने से अक्षर भृ की लघु मात्रा दीर्घ सिद्ध हुई है.
3. इस छंद की तीसरी पंक्ति में लघु अक्षर त के आगे संयुक्त अक्षर न्त आने से और लघु अक्षर नृ के आगे संयुक्त अक्षर त्य आने से अक्षर त और नृ की लघु मात्राएँ दीर्घ सिद्ध हुई हैं.
4. इस वंशस्थ छंद की चौथी पंक्ति में लघु अक्षर च के आगे संयुक्त अक्षर क्र आने से अक्षर च की लघु मात्रा दीर्घ सिद्ध हुई है.

(भ्रमर)

दोहा॰ **और प्रिये! वे देख लो, मूढ़ भ्रमर के झुंड ।**
पत्रहीन उन पद्म से, मोड़ रहे हैं तुंड ।।

मोर पिच्छ के रंग को, जान कमल के फूल ।

आ कर उन पर गिर रहे, सत्य गए हैं भूल ।।

2.15

वनद्विपानां नवतोयदस्वनैर्मदान्वितानां ध्वनतां मुहुर्मुहुः ।
कपोलदेशा विमलोत्पलप्रभाः सभृङ्गयूथैर्मदवारिभिश्चिता ॥

ज त ज र वंशस्थ छंद

वनद्वि [1]	पानांन	वतोय	दस्वनैः [1]
। ऽ ।	ऽ ऽ ।	। ऽ ।	ऽ । ऽ
मदान्वि	तानांध्व	नतांमु	हुर्मुहुः [2]
। ऽ ।	ऽ ऽ ।	। ऽ ।	ऽ । ऽ
कपोल	देशावि	मलोत्प	लप्रभाः [3]
। ऽ ।	ऽ ऽ ।	। ऽ ।	ऽ । ऽ
सभृङ्ग [4]	यूथैर्म	दवारि	भिश्चिता [4]
। ऽ ।	ऽ ऽ ।	। ऽ ।	ऽ । ऽ

पाद टिप्पणियाँ :

1. इस छंद की पहली पंक्ति में लघु अक्षर न के आगे संयुक्त अक्षर द्व और लघु अक्षर द के आगे संयुक्त अक्षर स्व आने से अक्षर न और द की लघु मात्राएँ दीर्घ सिद्ध हुई हैं.
2. इस वंशस्थ छंद की दूसरी पंक्ति में लघु अक्षर हु के आगे संयुक्त अक्षर र्म आने से अक्षर हु की लघु मात्रा दीर्घ सिद्ध हुई है.
3. इस छंद की तीसरी पंक्ति में लघु अक्षर ल के आगे संयुक्त अक्षर प्र आने से अक्षर ल की लघु मात्रा दीर्घ सिद्ध हुई है.
4. इस वंशस्थ छंद की चौथी पंक्ति में लघु अक्षर भृ के आगे संयुक्त अक्षर ङ्ग और लघु अक्षर भि के आगे संयुक्त अक्षर श्च आने से अक्षर भृ और भि की लघु मात्राएँ दीर्घ सिद्ध हुई हैं.

(और)

दोहा॰ सखी! और भी देख लो, इन भौंरों के हाल ।
हाथी का मधु देख कर, जो हैं हुए निहाल ।।

गंडस्थलों को जान कर, मधुमय कमल पराग ।
आ कर बैठे झुंड में, मदजल से अनुराग ।।

2.16

सितोत्पलाभाम्बुदचुम्बितोपलाः समाचिताः प्रस्रवणैः समन्ततः ।
प्रवृत्तनृत्यैः शिखिभिः समाकुलाः समुत्सुकत्वं जनयन्ति भूधराः ॥

ज त ज र वंशस्थ छंद

सितोत्प	लाभाम्बु	दचुम्बि[1]	तोपलाः
। ऽ ।	ऽ ऽ ।	। ऽ ।	ऽ । ऽ
समाचि	ताःप्रस्र	वणैःस	मन्ततः[2]
। ऽ ।	ऽ ऽ ।	। ऽ ।	ऽ । ऽ
प्रवृत्त[3]	नृत्यैःशि[3]	खिभिःस	माकुलाः
। ऽ ।	ऽ ऽ ।	। ऽ ।	ऽ । ऽ
समुत्सु[4]	कत्वंज[4]	नयन्ति[4]	भूधराः
। ऽ ।	ऽ ऽ ।	। ऽ ।	ऽ । ऽ

पाद टिप्पणियाँ :

1. इस छंद की पहली पंक्ति में लघु अक्षर चु के आगे संयुक्त अक्षर म्ब आने से अक्षर चु की लघु मात्रा दीर्घ सिद्ध हुई है.
2. इस वंशस्थ छंद की दूसरी पंक्ति में लघु अक्षर म के आगे संयुक्त अक्षर न्त आने से अक्षर म की लघु मात्रा दीर्घ सिद्ध हुई है.
3. इस छंद की तीसरी पंक्ति में लघु अक्षर वृ के आगे संयुक्त अक्षर त्त आने से और लघु अक्षर नृ के आगे संयुक्त अक्षर त्य आने से अक्षर वृ और नृ की लघु मात्राएँ दीर्घ सिद्ध हुई हैं.
4. इस वंशस्थ छंद की चौथी पंक्ति में लघु अक्षर मु के आगे संयुक्त अक्षर त्स आने से, लघु अक्षर क के आगे संयुक्त अक्षर त्व आने से और लघु अक्षर य के आगे संयुक्त अक्षर न्त आने से अक्षर मु, क और य की लघु मात्राएँ दीर्घ सिद्ध हुई हैं.

(श्वेत पर्वत)

(हे यक्षिणी!)

दोहा॰ **शुभ्र छटा के अभ्र सा, शोभित लगे पहाड़ ।**
चोटी जिसकी चूम कर, करती नभ से लाड़ ।।

वर्षा ऋतु में झर रहे, झरने चारों ओर ।
नाच रहे हैं मोर गण, नर्तकियों की त्तौर ।।

उन परियों को देख कर, जगी काम की आस ।
मगर नहीं, मेरी प्रिये! तुम हो मेरे पास ।।

2.17

कदम्बसर्जार्जुनकेतकीवनं विकम्पयंस्तत्कुसुमाधिवासितः ।
ससीकराम्भोधरसङ्गशीतलः समीरणः कं न करोति सोत्सुकम् ॥

ज त ज र वंशस्थ छंद

कदम्ब[1]	सर्जार्जु[1]	नकेत	कीवनम्
। ऽ ।	ऽ ऽ ।	। ऽ ।	ऽ । ऽ
विकम्प[2]	यंस्तत्कु[2]	सुमाधि	वासितः
। ऽ ।	ऽ ऽ ।	। ऽ ।	ऽ । ऽ
ससीक	राम्भोध	रसङ्ग[3]	शीतलः
। ऽ ।	ऽ ऽ ।	। ऽ ।	ऽ । ऽ
समीर	णःकंन	करोति	सोत्सुकम्
। ऽ ।	ऽ ऽ ।	। ऽ ।	ऽ । ऽ

पाद टिप्पणियाँ :

1. इस छंद की पहली पंक्ति में लघु अक्षर द के आगे संयुक्त अक्षर म्ब आने से और लघु अक्षर स के आगे संयुक्त अक्षर र्ज आने से अक्षर द और स की लघु मात्राएँ दीर्घ सिद्ध हुई हैं.
2. इस वंशस्थ छंद की दूसरी पंक्ति में लघु अक्षर क के आगे संयुक्त अक्षर म्प आने से और लघु अक्षर स्त के आगे संयुक्त अक्षर त्क आने से अक्षर क और स्त की लघु मात्राएँ दीर्घ सिद्ध हुई हैं.

3. इस छंद की तीसरी पंक्ति में लघु अक्षर स के आगे संयुक्त अक्षर ङ्ग आने से अक्षर स की लघु मात्रा दीर्घ सिद्ध हुई है.

(क्यों की, हे यक्षिणी!)

दोहा० **क्यों की हे प्रिय यक्षिणी! कदंब-अर्जुन-साल ।**
और सुगंधित केतकी, सौरभ जिन्हें कमाल; ।।

तुषार कण से मिश्र वह, परिमल पुष्प सुवास ।
वर्षा ऋतु के पवन से, देता कामुक आस ।।

2.18

शिरोरुहैः श्रोणितटावलम्बिभिः कृतावतंसैः कुसुमैः सुगन्धिभिः ।
स्तनैः सहारैर्वदनैः ससीधुभिः स्त्रियो रतिं संजनयन्ति कामिनाम् ॥

ज त ज र वंशस्थ छंद

शिरोरु	हैःश्रोणि	तटाव	लम्बिभिः [1]
। ऽ ।	ऽ ऽ ।	। ऽ ।	ऽ । ऽ
कृताव	तंसैःकु	सुमैःसु	गन्धिभिः [2]
। ऽ ।	ऽ ऽ ।	। ऽ ।	ऽ । ऽ
स्तनैःस	हारैर्व	दनैःस	सीधुभिः
। ऽ ।	ऽ ऽ ।	। ऽ ।	ऽ । ऽ
स्त्रियोर	तिंसंज	नयन्ति [3]	कामिनाम्
। ऽ ।	ऽ ऽ ।	। ऽ ।	ऽ । ऽ

पाद टिप्पणियाँ :

1. इस छंद की पहली पंक्ति में लघु अक्षर ल के आगे संयुक्त अक्षर म्ब आने से अक्षर ल की लघु मात्रा दीर्घ सिद्ध हुई है.
2. इस वंशस्थ छंद की दूसरी पंक्ति में लघु अक्षर ग के आगे संयुक्त अक्षर न्ध आने से अक्षर ग की लघु मात्रा दीर्घ सिद्ध हुई है.
3. इस छंद की चौथी पंक्ति में लघु अक्षर य के आगे संयुक्त अक्षर न्त आने से अक्षर य की लघु मात्रा दीर्घ सिद्ध हुई है.

(और, हे प्रिये!)

दोहा॰ **और सुनो तुम यक्षिणी! जिनके लंबे बाल ।**
करते स्पर्श नितंब को, अपने होश सँभाल; ।।

और सुवासित सुमन के, गहनों का स्तन-भार ।
करती रति की वासना, मन में जागृत प्यार ।।

2.19

तडिल्लताः शक्रधनुर्विभूषिताः पयोधरास्तोयभरावलम्बिनः ।
स्त्रियश्च काञ्चीमणिकुण्डलोज्ज्वला हरन्ति चेतो युगपत्प्रवासिनाम् ॥

ज त ज र वंशस्थ छंद

तडिल्ल[1]	ताःशक्र	धनुर्वि[1]	भूषिताः
। ऽ ।	ऽ ऽ ।	। ऽ ।	ऽ । ऽ
पयोध	रास्तोय	भराव	लम्बिनः[2]
। ऽ ।	ऽ ऽ ।	। ऽ ।	ऽ । ऽ
स्त्रियश्च[3]	काञ्चीम	णिकुण्ड[3]	लोज्ज्वला
। ऽ ।	ऽ ऽ ।	। ऽ ।	ऽ । ऽ
हरन्ति[4]	चेतोयु	गपत्प्र[4]	वासिनाम्
। ऽ ।	ऽ ऽ ।	। ऽ ।	ऽ । ऽ

पाद टिप्पणियाँ :

1. इस वंशस्थ छंद की प्रथम पंक्ति में लघु अक्षर डि के आगे संयुक्त अक्षर ल्ल आने से और लघु अक्षर नु के आगे संयुक्त अक्षर र्व आने से अक्षर डि और नु की लघु मात्राएँ दीर्घ सिद्ध हुई हैं.
2. इस वंशस्थ छंद की दूसरी पंक्ति में लघु अक्षर ल के आगे संयुक्त अक्षर म्ब आने से अक्षर ल की लघु मात्रा दीर्घ सिद्ध हुई है.
3. इस छंद की तीसरी पंक्ति में लघु अक्षर य के आगे संयुक्त अक्षर श्च आने से और लघु अक्षर कु के आगे संयुक्त अक्षर ण्ड आने से अक्षर य और कु की लघु मात्राएँ दीर्घ सिद्ध हुई हैं.

4. इस वंशस्थ छंद की चौथी पंक्ति में लघु अक्षर र के आगे संयुक्त अक्षर न्त आने से और लघु अक्षर प के आगे संयुक्त अक्षर त्प्र आने से अक्षर र और प की लघु मात्राएँ दीर्घ सिद्ध हुई हैं.

(मेघ)

दोहा॰ **और कहूँ मैं, हे पिये! दूजी सुंदर बात ।**
मेघ प्रेरणा दे रहे, ललनाओं के साथ ।।

प्रत्यंचा है दामिनी, इंद्रधुष है चाप ।
सप्त सुरों की तान से, मेघ करत आलाप ।।

साथ छबीली रमणियाँ, नितंब को थिरकाय ।
चमकाती हैं करधनी, लेने चित्त रिझाय ।।

2.20

मालाः कदम्बनवकेसरकेतकीभिरायोजितः शिरसि बिभ्रति योषितोऽद्य ।
कर्णान्तरेषु ककुभद्रुममञ्जरीभिरिच्छानुकूलरचितानवतं सकांश्च ॥

त भ ज ज ग ग वसंततिलका छंद

मालाःक	दम्बन[1]	वकेस	रकेत	कीभिः
ऽ ऽ ।	ऽ । ।	। ऽ ।	। ऽ ।	ऽ ऽ
आयोजि	तःशिर	सिबिभ्र[2]	तियोषि	तोऽद्य
ऽ ऽ ।	ऽ । ।	। ऽ ।	। ऽ ।	ऽ ऽ
कर्णान्त[1]	रेषुक	कुभद्रु[3]	ममञ्ज[3]	रीभिः
ऽ ऽ ।	ऽ । ।	। ऽ ।	। ऽ ।	ऽ ऽ
इच्छानु[4]	कूलर	चितान	वतंस	कांश्च
ऽ ऽ ।	ऽ । ।	। ऽ ।	। ऽ ।	ऽ ऽ

पाद टिप्पणियाँ :

1. इस वसंततिलका छंद को प्रथम पंक्ति में लघु अक्षर द के आगे संयुक्त अक्षर म्ब आने से अक्षर द की लघु मात्रा दीर्घ सिद्ध हुई है.
2. इस छंद की दूसरी पंक्ति में लघु अक्षर बि के आगे संयुक्त अक्षर भ्र आने से

अक्षर बि की लघु मात्रा दीर्घ सिद्ध हुई है.

3. इस पद्य की तीसरी पंक्ति में लघु अक्षर क के आगे संयुक्त अक्षर र्ण आने से, लघु अक्षर भ के आगे संयुक्त अक्षर द्र आने से और लघु अक्षर म के आगे संयुक्त अक्षर ञ्ज आने से अक्षर क, भ और म की लघु मात्राएँ दीर्घ सिद्ध हुई हैं.
4. इस वसंततिलका छंद की चौथी पंक्ति में लघु अक्षर इ के आगे संयुक्त अक्षर च्छ आने से अक्षर इ की लघु मात्रा दीर्घ सिद्ध हुई है.

(और हे यक्षिणी!)

दोहा० **और प्रिये! वे रमणियाँ, पहन कर अलंकार ।**
पुष्प-पराग कदंब के, सुंदर खुशबूदार ।।

मालाएँ परिधान हैं, केतकी ललाम ।
कुण्डल अर्जुन पुष्प के, कानों में अभिराम ।।

2.21

कालागरुप्रचुरचन्दनचर्चिताङ्ग्यः पुष्पावतंससुरभीकृतकेशपाशाः ।
श्रुत्वा ध्वनिं जलमुचां त्वरितं प्रदोषे शय्यागृहं गुरुगृहात्प्रविशन्ति नार्यः ॥

त भ ज ज ग ग वसंततिलका छंद

कालाग	रुप्रचु[1]	रचन्द[1]	नचर्चि[1]	ताङ्ग्यः
ऽ ऽ ।	ऽ । ।	। ऽ ।	। ऽ ।	ऽ ऽ
पुष्पाव[2]	तंससु	रभीकृ	तकेश	पाशाः
ऽ ऽ ।	ऽ । ।	। ऽ ।	। ऽ ।	ऽ ऽ
श्रुत्वाध्व[3]	निंजल	मुचांत्व	रितंप्र	दोषे
ऽ ऽ ।	ऽ । ।	। ऽ ।	। ऽ ।	ऽ ऽ
शय्यागृ[4]	हंगुरु	गृहात्प्र	विशन्ति[4]	नार्यः
ऽ ऽ ।	ऽ । ।	। ऽ ।	। ऽ ।	ऽ ऽ

पाद टिप्पणियाँ :

1. इस वसंततिलका छंद की पहली पंक्ति में लघु अक्षर रु के आगे संयुक्त अक्षर प्र आने से, प्रथम लघु अक्षर च के आगे संयुक्त अक्षर न्द आने से और द्वितीय लघु अक्षर च के आगे संयुक्त अक्षर र्च आने से अक्षर रु, च और च की लघु

मात्राएँ दीर्घ सिद्ध हुई हैं.

2. इस वसंततिलका छंद की द्वितीय पंक्ति में लघु अक्षर पु के आगे संयुक्त अक्षर ष्प आने से अक्षर पु की लघु मात्रा दीर्घ सिद्ध हुई है.
3. इस छंद की तृतीय पंक्ति में लघु अक्षर श्रु के आगे संयुक्त अक्षर त्व आने से अक्षर श्रु की लघु मात्रा दीर्घ सिद्ध हुई है.
4. इस वसंततिलका छंद की चौथी पंक्ति में पहले लघु अक्षर श के आगे संयुक्त अक्षर य्य आने से और दूसरे लघु अक्षर श के आगे संयुक्त अक्षर न्त आने से दोनों श अक्षरों की लघु मात्राएँ दीर्घ सिद्ध हुई है.

(और भी)

दोहा० **चंदन लिप्त शरीर की, केश सुमंडित नार ।**
सज कर संध्याकाल में, देती है दीदार ।।

वर्षा ऋतु की घात में, रंभाएँ दिलदार ।
सुन कर बादल गर्जना, आती शयनागार ।।

2.22

कुवलयदलनीलैरुन्नतैस्तोयनम्रैर्मृदुपवनविधूतैर्मन्दमन्दं चलद्भिः ।
अपहृतमिव चेतस्तोयदैः सेन्द्रचापैः पथिकजनवधूनां तद्वियोगाकुलानाम् ॥

न न म य य मालिनी छंद

कुवल	यदल	नीलैरु[1]	न्नतैस्तो	यनम्रैः
। । ।	। । ।	ऽ ऽ ऽ	। ऽ ऽ	। ऽ ऽ
मृदुप	वनवि	धूतैर्म[2]	न्दमन्दं[2]	चलद्भिः[2]
। । ।	। । ।	ऽ ऽ ऽ	। ऽ ऽ	। ऽ ऽ
अपहृ	तमिव	चेतस्तो[3]	यदैःसे	न्द्रचापैः
। । ।	। । ।	ऽ ऽ ऽ	। ऽ ऽ	। ऽ ऽ
पथिक	जनव	धूनांत	द्वियोगा	कुलानाम्
। । ।	। । ।	ऽ ऽ ऽ	। ऽ ऽ	। ऽ ऽ

पाद टिप्पणियाँ :

1. इस मालिनी छंद की प्रथम पंक्ति में लघु अक्षर रु के आगे संयुक्त अक्षर न्न आने

75

से और लघु अक्षर न के आगे संयुक्त अक्षर म्र आने से अक्षर रु और न की लघु मात्राएँ दीर्घ सिद्ध हुई हैं.

2. इस छंद की दूसरी पंक्ति में लघु अक्षर र्म के आगे संयुक्त अक्षर न्द आने से, लघु अक्षर म के आगे भी संयुक्त अक्षर न्द आने से और लघु अक्षर ल के आगे संयुक्त अक्षर द्ध आने से अक्षर र्म, म और ल की लघु मात्राएँ दीर्घ सिद्ध हुई हैं.

3. इस पद्य की तीसरी पंक्ति में लघु अक्षर त के आगे संयुक्त अक्षर स्त आने से अक्षर त की लघु मात्रा दीर्घ सिद्ध हुई है.

(बादल)

दोहा० **नील कमल के रंग के, वर्षा ऋतु के मेघ ।**
बोझिल जल के भार से, करते धीमा वेग ।।

धीरे–धीरे चल रहे, इंद्रधनुष को धार ।
ललनाओं के गुदगुदे, हिरदय लेते हार ।।

2.23

मुदित इव कदम्बैर्जातपुष्पैः समन्तात्-
पवनचलितशाखैः शाखिभिर्नृत्यतीव ।
हसितमिव विधत्ते सूचिभिः केतकीनां
नवसलिलनिषेकच्छिन्नतापो वनान्तः ॥

न न म य य मालिनी छंद

मुदित	इवक	दम्बैर्जा[1]	तपुष्पैः[1]	समन्तात्[1]
। । ।	। । ।	ऽ ऽ ऽ	। ऽ ऽ	। ऽ ऽ
पवन	चलित	शाखैःशा	खिभिर्नृ[2]	त्यतीव
। । ।	। । ।	ऽ ऽ ऽ	। ऽ ऽ	। ऽ ऽ
हसित	मिववि	धत्तेसू[3]	चिभिःके	तकीनाम्
। । ।	। । ।	ऽ ऽ ऽ	। ऽ ऽ	। ऽ ऽ
नवस	लिलनि	षेकच्छि[4]	न्नतापो	वनान्तः
। । ।	। । ।	ऽ ऽ ऽ	। ऽ ऽ	। ऽ ऽ

पाद टिप्पणियाँ :

1. इस मालिनी छंद की प्रथम पंक्ति में लघु अक्षर द के आगे संयुक्त अक्षर म्ब आने से, लघु अक्षर पु के आगे संयुक्त अक्षर ष्प आने से और लघु अक्षर म के आगे संयुक्त अक्षर न्त आने से अक्षर द, पु और म की लघु मात्राएँ दीर्घ सिद्ध हुई हैं.
2. इस छंद की दूसरी पंक्ति में लघु अक्षर भि के आगे संयुक्त अक्षर र्न आने से अक्षर भि की लघु मात्रा दीर्घ सिद्ध हुई है.
3. इस पद्य की तीसरी पंक्ति में लघु अक्षर ध के आगे संयुक्त अक्षर त्त आने से अक्षर ध की लघु मात्रा दीर्घ सिद्ध हुई है.
4. इस छंद की चौथी पंक्ति में लघु अक्षर क के आगे संयुक्त अक्षर च्छ आने से अक्षर क की लघु मात्रा दीर्घ सिद्ध हुई है.

यक्षिणी!)

दोहा॰ **नव वर्षा के नीर से, करके ताप समाप्त ।**
कदंब–पुष्प सुगंध से, होत नंद है प्राप्त ।।

प्रचलित हो कर पवन से, डोलत तरु की डाल ।
केतकी की कली नुमा, आता वर्षा काल ।।

हँसता खिलता ये समाँ, लाता हर्ष हजार ।
वर्षा मौसम चित्त में, उद्भुत करता प्यार ।।

2.24

शिरसि बकुलमालां मालतीभिः समेतां-
विकसितनवपुष्पैर्यूथिकाकुड्मलैश्च ।
विकचनवकदम्बैः कर्णपूरं वधूनां-
रचयति जलदौघः कान्तवत्काल एषः ॥

न न म य य मालिनी छंद

शिरसि	बकुल	मालांमा	लतीभिः	समेताम्
। । ।	। । ।	ऽ ऽ ऽ	। ऽ ऽ	। ऽ ऽ
विकसि	तनव	पुष्पैर्यू[1]	थिकाकु[1]	ड्मलैश्च

। । ।	। । ।	ऽ ऽ ऽ	। ऽ ऽ	। ऽ ऽ
विकच	नवक	दम्बैःक[2]	र्णपूरं	वधूनाम्
। । ।	। । ।	ऽ ऽ ऽ	। ऽ ऽ	। ऽ ऽ
रचय	तिजल	दौघःका	न्तवत्का[3]	लएषः
। । ।	। । ।	ऽ ऽ ऽ	। ऽ ऽ	। ऽ ऽ

पाद टिप्पणियाँ :

1. इस मालिनी छंद की द्वितीय पंक्ति में लघु अक्षर पु के आगे संयुक्त अक्षर ष्प आने से और लघु अक्षर कु के आगे संयुक्त अक्षर ड्म आने से अक्षर पु और कु की लघु मात्राएँ दीर्घ सिद्ध हुई हैं.
2. इस छंद की तृतीय पंक्ति में लघु अक्षर द के आगे संयुक्त अक्षर म्ब आने से अक्षर द की लघु मात्रा दीर्घ सिद्ध हुई है.
3. इस पद्य की चतुर्थ पंक्ति में लघु अक्षर व के आगे संयुक्त अक्षर त्क आने से अक्षर व की लघु मात्रा दीर्घ सिद्ध हुई है.

(हे कामिनी!)

दोहा॰ **और सुनो, हे कामिनी! वर्षा ऋतु गुण गान ।**
पति के गुण उसमें सभी, पति के सम सम्मान ।।

घरवाली के शीर्ष पर, फूल मालती हार ।
रक्तिम पुष्प अशोक के, कोमल खुशबूदार ।।

जूही की कलियाँ नयी, साथ फूल कचनार ।
कदंब पुष्पों से बने, कर्ण के अलंकार ।।

सुंदर कली गुलाब की, लगी बाल में लाल ।
पति समान सेवा करे, वर्षा ऋतु का काल ।।

कनेर कंगन हस्त में, पहने पायल पीत ।
बरखा बूँदों से बने, वर्षा ऋतु संगीत ।।

2.25

दधति कुचयुगाग्रैरुन्नतैर्हारयष्टिं प्रतनुसितदुकूलान्यायतैः श्रोणिबिम्बैः ।
नवजलकणसेकादुद्गतां रोमराजिं ललितवलिविभङ्गैर्मध्यदेशैश्च नार्यः ॥

न न म य य मालिनी छंद

दधति	कुचयु	गाग्रैरु[1]	न्नतैर्हा	रयष्टिम्[1]
। । ।	। । ।	ऽ ऽ ऽ	। ऽ ऽ	। ऽ ऽ
प्रतनु	सितदु	कूलान्या	यतैःश्रो	णिबिम्बैः[2]
। । ।	। । ।	ऽ ऽ ऽ	। ऽ ऽ	। ऽ ऽ
नवज	लकण	सेकादु[3]	द्गतांरो	मराजिम्
। । ।	। । ।	ऽ ऽ ऽ	। ऽ ऽ	। ऽ ऽ
ललित	वलिवि	भङ्गैर्म[4]	ध्यदेशै	श्चनार्यः
। । ।	। । ।	ऽ ऽ ऽ	। ऽ ऽ	। ऽ ऽ

पाद टिप्पणियाँ :

1. इस मालिनी छंद की पहली पंक्ति में लघु अक्षर रु के आगे संयुक्त अक्षर न्न आने से और लघु अक्षर य के आगे संयुक्त अक्षर ष्ट आने से अक्षर रु और य की लघु मात्राएँ दीर्घ सिद्ध हुई हैं.
2. इस छंद की दूसरी पंक्ति में लघु अक्षर बि के आगे संयुक्त अक्षर म्ब आने से अक्षर बि की लघु मात्रा दीर्घ सिद्ध हुई है.
3. इस पद्य की तीसरी पंक्ति में लघु अक्षर दु के आगे संयुक्त अक्षर द्ग आने से अक्षर दु की लघु मात्रा दीर्घ सिद्ध हुई है.
4. इस छंद की चतुर्थ पंक्ति में लघु अक्षर भ के आगे संयुक्त अक्षर ङ्ग आने से अक्षर भ की लघु मात्रा दीर्घ सिद्ध हुई है.

(और, हे यक्षिणी!)

दोहा॰ **उँचे उरोज नारियाँ, स्तन पर मौक्तिक माल ।**
महीन पट धारण करें, जिन्हें नितंब विशाल ।।

वर्षा के नव-नीर से, मंगल करके स्नान ।
नग्न अंग के मध्य नें, तिलक करें परिधान ।।

नैनन में काजल लगे, मृगनयनी के श्याम ।

कांचन के कुण्डल करें, कामदेव का काम ।।

2.26

नवजलकणसङ्गाच्छीततामादधानः
कुसुमभरनतानां लासकः पादपानाम् ।
जनितसुरभिगन्धः केतकीनां रजोभिः
परिहरति नभस्वान्प्रोषितानां मनांसि ॥

न न म य य मालिनी छंद

नवज	लकण	सङ्गाच्छी[1]	ततामा	दधानः
। । ।	। । ।	ऽ ऽ ऽ	। ऽ ऽ	। ऽ ऽ
कुसुम	भरन	तानांला	सकःपा	दपानाम्
। । ।	। । ।	ऽ ऽ ऽ	। ऽ ऽ	। ऽ ऽ
जनित	सुरभि	गन्धःके[2]	तकीनां	रजोभिः
। । ।	। । ।	ऽ ऽ ऽ	। ऽ ऽ	। ऽ ऽ
परिह	रतिन	भस्वान्प्रो[3]	षितानां	मनांसि
। । ।	। । ।	ऽ ऽ ऽ	। ऽ ऽ	। ऽ ऽ

पाद टिप्पणियाँ :

1. इस मालिनी छंद की पहली पंक्ति में लघु अक्षर स के आगे संयुक्त अक्षर ङ्ग आने से अक्षर स की लघु मात्रा दीर्घ सिद्ध हुई है.
2. इस पद्य की तीसरी पंक्ति में लघु अक्षर ग के आगे संयुक्त अक्षर न्ध आने से अक्षर ग की लघु मात्रा दीर्घ सिद्ध हुई है.
3. इस छंद की चतुर्थ पंक्ति में लघु अक्षर भ के आगे संयुक्त अक्षर स्व आने से अक्षर भ की लघु मात्रा दीर्घ सिद्ध हुई है.

(समीरण)

दोहा॰ **वर्षा कण छिड़काव से, शीतल शाँत समीर ।**
सुमनों के संपर्क से, सुरभित सुखद शरीर ।।

रजमय रुचिर रुझान का, रसित रम्य रति रूप ।

वर्षा ऋतु में वात का, होता काम अनूप ।।

2.27

जलभरनमितानामश्रयोऽस्माकमुच्चैर्
अयमिति जलसेकैस्तोयदास्तोयनम्राः ।
अतिशयपरुषाभिर्ग्रीष्मवह्नेः शिखाभिः
समुपजनिततापं ह्लादयन्तीव विन्ध्यम् ॥

न न म य य मालिनी छंद

जलभ	रनमि	तानाम	श्रयोऽस्मा	कमुच्चैः[1]
। । ।	। । ।	ऽ ऽ ऽ	। ऽ ऽ	। ऽ ऽ
अयमि	तिजल	सेकैस्तो	यदास्तो	यनम्राः[2]
। । ।	। । ।	ऽ ऽ ऽ	। ऽ ऽ	। ऽ ऽ
अतिश	यपरु	षाभिर्ग्री[3]	ष्मवह्नेः[3]	शिखाभिः
। । ।	। । ।	ऽ ऽ ऽ	। ऽ ऽ	। ऽ ऽ
समुप	जनित	तापंह्ला	दयन्ती[4]	वविन्ध्यम्[4]
। । ।	। । ।	ऽ ऽ ऽ	। ऽ ऽ	। ऽ ऽ

पाद टिप्पणियाँ :

1. इस मालिनी छंद की प्रधम पंक्ति में लघु अक्षर मु के आगे संयुक्त अक्षर च्च आने से अक्षर मु की लघु मात्रा दीर्घ सिद्ध हुई है.
2. इस छंद की दूसरी पंक्ति में लघु अक्षर न के आगे संयुक्त अक्षर म्र आने से अक्षर न की लघु मात्रा दीर्घ सिद्ध हुई है.
3. इस पद्य की तीसरी पंक्ति में लघु अक्षर भि के आगे संयुक्त वर्ण ग्र आने से और लघु अक्षर व के आगे संयुक्त अक्षर ह्न आने से अक्षर भि और व की लघु मात्राएँ दीर्घ सिद्ध हुई हैं.
4. इस छंद की चतुर्थ पंक्ति में लघु अक्षर य के आगे संयुक्त वर्ण न्त आने से और लघु अक्षर वि के आगे संयुक्त अक्षर न्ध्य आने से अक्षर य और वि की लघु मात्राएँ दीर्घ सिद्ध हुई हैं.

(और, हे यक्षिणी!)

दोहा॰ और प्रिये! यह देख लो, ऊँचा विंध्य पठार ।
देता आश्रय मेघ को, सँभालने जलभार ।।

दुखी ग्रीष्म की आग में, गिरि को इन्तेजार ।
वर्षा ऋतु की सब्र से, करने पत्युपकार ।।

वर्षा के जलपात का, करके वह सत्कार ।
हरे-भरे पादप-लता, पाते हैं शृंगार ।।

2.28

बहुगुणरमणीयः योषितां चित्तहारी
तरुविटपलतानां बान्धवो निर्विकारः ।
जलदसमय एष प्राणिनां प्राणभूतो
दिशतु तव हितानि प्रायशो वाञ्छितानि ॥

न न म य य मालिनी छंद

बहुगु	णरम	णीयःयो	षितांचि [1]	त्तहारी
। । ।	। । ।	ऽ ऽ ऽ	। ऽ ऽ	। ऽ ऽ
तरुवि	टपल	तानांबा	न्धवोनि [2]	र्विकारः
। । ।	। । ।	ऽ ऽ ऽ	। ऽ ऽ	। ऽ ऽ
जलद	समय	एषप्रा [3]	णिनांप्रा	णभूतो
। । ।	। । ।	ऽ ऽ ऽ	। ऽ ऽ	। ऽ ऽ
दिशतु	तवहि	तानिप्रा [4]	यशोवा	ञ्छितानि
। । ।	। । ।	ऽ ऽ ऽ	। ऽ ऽ	। ऽ । *

* अंतिम 15 वीं लघु (।) मात्रा भी गुरु (ऽ) मानी गयी है.

पाद टिप्पणियाँ :

1. इस मालिनी छंद की पहली पंक्ति में लघु अक्षर चि के आगे संयुक्त अक्षर त्त आने से अक्षर चि की लघु मात्रा दीर्घ सिद्ध हुई है.
2. इस छंद की दूसरी पंक्ति में लघु अक्षर नि के आगे संयुक्त अक्षर र्व आने से अक्षर नि की लघु मात्रा दीर्घ सिद्ध हुई है.

3. इस पद्य की तीसरी पंक्ति में लघु अक्षर ष के आगे संयुक्त अक्षर प्र आने से अक्षर ष की लघु मात्रा दीर्घ सिद्ध हुई है.
4. इस छंद की चतुर्थ पंक्ति में लघु अक्षर नि के आगे भी संयुक्त अक्षर प्र आने से अक्षर नि की लघु मात्रा दीर्घ सिद्ध हुई है.

(तथा ही, हे यक्षिणी!)

दोहा० **हे प्रिये! इस भाँति से, वर्षा ऋतु मनहार ।**
कामिनियों का मन हरे, देकर उनको प्यार ।।

वृक्ष-लता का यह सखा, प्राणी जग का प्राण ।
तुमको फल अभिलषित दे, और करे कल्याण ।।

॥ इति वर्षा ॥

३.
ऋतुसंहार तृतीय सर्ग

शरद् ऋतु

(यक्ष उवाच)

॥ अथ शरत् ॥

3.1

काशांशुका विकचपद्ममनोज्ञवक्त्रा सोन्मादहंसरवनूपुरनादरम्या ।
आपक्वशालिललितानतगात्रयष्टिः प्राप्ता शरन्नववधूरिव रम्यरूपा ॥

त भ ज ज ग ग वसंततिलका छंद

काशांशु	काविक	चपद्म[1]	मनोज्ञ	वक्त्रा[1]
ऽ ऽ ।	ऽ । ।	। ऽ ।	। ऽ ।	ऽ ऽ
सोन्माद	हंसर	वनूपु	रनाद	रम्या[2]
ऽ ऽ ।	ऽ । ।	। ऽ ।	। ऽ ।	ऽ ऽ
आपक्व[3]	शालिल	लितान	तगात्र	यष्टिः[3]
ऽ ऽ ।	ऽ । ।	। ऽ ।	। ऽ ।	ऽ ऽ
प्राप्ताश	रन्नव[4]	वधूरि	वरम्य[4]	रूपा
ऽ ऽ ।	ऽ । ।	। ऽ ।	। ऽ ।	ऽ ऽ

पाद टिप्पणियाँ :

1. इस वसंततिलका छंद की पहली पंक्ति में लघु अक्षर प के आगे संयुक्त अक्षर द्म आने से और लघु अक्षर व के आगे संयुक्त अक्षर क्त्र आने से अक्षर प और व की लघु मात्राएँ दीर्घ सिद्ध हुई हैं.

2. इस वसंततिलका छंद की द्वितीय पंक्ति में लघु अक्षर र के आगे संयुक्त अक्षर म्य आने से अक्षर र की लघु मात्रा दीर्घ सिद्ध हुई है.
3. इस छंद की तृतीय पंक्ति में लघु अक्षर प के आगे संयुक्त अक्षर क्व आने से और लघु अक्षर य के आगे संयुक्त अक्षर ष्ट आने से अक्षर प और य की लघु मात्राएँ दीर्घ सिद्ध हुई हैं.
4. इस वसंततिलका छंद की चौथी पंक्ति में पहले लघु अक्षर र के आगे संयुक्त अक्षर न्न आने से और दूसरे लघु अक्षर र के आगे संयुक्त अक्षर म्य आने से दोनों र अक्षरों की लघु मात्राएँ दीर्घ सिद्ध हुई हैं.

(हे यक्षिणी!)

दोहा० **अब सुन लो, हे यक्षिणी! वर्षा ऋतु के बाद ।**
आयी है ऋतु शरद् की, रहे माह दो याद ।।

लिबास होता रेशमी, मुखड़ा कमल समान ।
पायल की ध्वनि मद भरी, इस ऋतु की पहचान ।।

पके धान सी सुंदरी, कृश यष्टि का शरीर ।
रमणीया यह नव वधू, देवी की तस्वीर ।।

3.2

काशैर्मही शिशिरदीधितिना रजन्यो हंसैर्जलानि सरितां कुमुदैः सरांसि ।
सप्तच्छदैः कुसुमभारनतैर्वनान्ताः शुक्लीकृतान्युपवनानि च मालतीभिः ॥

त भ ज ज ग ग वसंततिलका छंद

काशैर्म	हीशिशि	रदीधि	तिनार	जन्यो[1]
ऽ ऽ ।	ऽ । ।	। ऽ ।	। ऽ ।	ऽ ऽ
हंसैर्ज	लानिस	रितांकु	मुदैःस	रांसि
ऽ ऽ ।	ऽ । ।	। ऽ ।	। ऽ ।	ऽ । *
सप्तच्छ[2]	दैःकुसु	मभार	नतैर्व	नान्ताः
ऽ ऽ ।	ऽ । ।	। ऽ ।	। ऽ ।	ऽ ऽ
शुक्लीकृ[3]	तान्युप	वनानि	चमाल	तीभिः

ऽ ऽ ।	ऽ । ।	। ऽ ।	। ऽ ।	ऽ ऽ

* अंतिम 14 वीं लघु (।) मात्रा भी गुरु (ऽ) मानी गयी है.

पाद टिप्पणियाँ :

1. इस वसंततिलका छंद की पहली पंक्ति में लघु अक्षर ज के आगे संयुक्त अक्षर न्य आने से अक्षर ज की लघु मात्रा दीर्घ सिद्ध हुई है.
2. इस छंद की तीसरी पंक्ति में लघु अक्षर स के आगे संयुक्त अक्षर प्त आने से और लघु अक्षर प्त के आगे संयुक्त अक्षर च्छ आने से अक्षर स और प्त की लघु मात्राएँ दीर्घ सिद्ध हुई हैं.
3. इस वसंततिलका छंद की चतुर्थ पंक्ति में पहले लघु अक्षर शु के आगे संयुक्त अक्षर क्ल आने से अक्षर शु की लघु मात्रा दीर्घ सिद्ध हुई है.

(हे सुंदरी!)

(श्लेश)

दोहा॰ **हरीभरी धरती सजे, फूलों से उद्यान ।**
हंसों से जल सरित का, खेती से खलियान ।।

वृक्षों से अटवी सजे, चंद्र-रश्मि से रात ।
कमलों से जल झील का, हो कर ग्रीष्म निपात ।।

3.3

चञ्चन्मनोज्ञशफरीरसनाकलापाः पर्यन्तसंस्थितसिताण्डजपङ्क्तिहाराः ।
नद्यो विशालपुलिनोरुनितम्बबिम्बा मन्दं प्रयान्ति समदाः प्रमदा इवाद्य ॥

त भ ज ज ग ग वसंततिलका छंद

चञ्चन्म[1]	नोज्ञश	फरीर	सनाक	लापाः
ऽ ऽ ।	ऽ । ।	। ऽ ।	। ऽ ।	ऽ ऽ
पर्यन्त[2]	संस्थित	सिताण्ड	जपङ्क्ति[2]	हाराः
ऽ ऽ ।	ऽ । ।	। ऽ ।	। ऽ ।	ऽ ऽ
नद्योवि[3]	शालपु	लिनोरु	नितम्ब[3]	बिम्बा[3]
ऽ ऽ ।	ऽ । ।	। ऽ ।	। ऽ ।	ऽ ऽ
मन्दंप्र[4]	यान्तिस	मदाःप्र	मदाइ	वाद्य

ऽ ऽ ।	ऽ । ।	। ऽ ।	। ऽ ।	ऽ । *

* अंतिम 14 वीं लघु (।) मात्रा भी गुरु (ऽ) मानी गयी है.

पाद टिप्पणियाँ :

1. इस वसंततिलका छंद की पहली पंक्ति में लघु अक्षर च के आगे संयुक्त अक्षर ञ्च आने से और लघु अक्षर ञ्च के आगे संयुक्त अक्षर न्म आने से अक्षर च और ञ्च की लघु मात्राएँ दीर्घ सिद्ध हुई हैं.
2. इस वसंततिलका छंद की द्वितीय पंक्ति में लघु अक्षर प के आगे संयुक्त अक्षर र्य आने से और लघु अक्षर र्य के आगे संयुक्त अक्षर न्त आने से अक्षर प और र्य की लघु मात्राएँ दीर्घ सिद्ध हुई हैं.
3. इस छंद की तृतीय पंक्ति में लघु अक्षर न के आगे संयुक्त अक्षर द्य आने से, लघु अक्षर त के आगे संयुक्त अक्षर म्ब आने से और लघु अक्षर बि के आगे भी संयुक्त अक्षर म्ब आने से अक्षर न, त और बि की लघु मात्राएँ दीर्घ सिद्ध हुई हैं.
4. इस वसंततिलका छंद की चौथी पंक्ति में लघु अक्षर म के आगे संयुक्त अक्षर न्द आने से अक्षर म की लघु मात्रा दीर्घ सिद्ध हुई है.

(और हे यक्षिणी!)

(नदियाँ)

दोहा॰ **नदिया देखो, हे प्रिये! नारी मस्त समान ।**
मंद-मंद है बह रही, गाती मंजुल गान ।।

पहन मीन की करधनी, झाष माला परिधान ।
दो तट रूप नितंब हैं, जिन्हें विशाल उठान ।।

3.4

व्योम क्वचिद्रजतशङ्खमृणालगौरैस्त्यक्ताम्बुभिर्लघुतया शतशः प्रयातैः ।
संलक्ष्यते पवनवेगचलैः पयोदैर्राजेव चामरशतैरभिवीज्यमानः ॥

त भ ज ज ग ग वसंततिलका छंद

व्योमक्व[1]	चिद्रज[1]	तशङ्ख[1]	मृणाल	गौरैः
ऽ ऽ ।	ऽ । ।	। ऽ ।	। ऽ ।	ऽ ऽ

त्यक्ताम्बु[2]	भिर्लघु[2]	तयाश	तशःप्र	यातैः
ऽ ऽ ।	ऽ । ।	। ऽ ।	। ऽ ।	ऽ ऽ
संलक्ष्य[3]	तेपव	नवेग	चलैःप	योदैः
ऽ ऽ ।	ऽ । ।	। ऽ ।	। ऽ ।	ऽ ऽ
राजेव	चामर	शतैर	भिवीज्य	मानः
ऽ ऽ ।	ऽ । ।	। ऽ ।	। ऽ ।	ऽ ऽ

पाद टिप्पणियाँ :

1. इस वसंततिलका छंद की पहली पंक्ति में लघु अक्षर म के आगे संयुक्त अक्षर क्व आने से, लघु अक्षर चि के आगे संयुक्त अक्षर द्र आने से और लघु अक्षर श के आगे संयुक्त अक्षर ङ्क आने से अक्षर म, चि और श की लघु मात्राएँ दीर्घ सिद्ध हुई हैं.
2. इस वसंततिलका छंद की द्वितीय पंक्ति में लघु अक्षर त्य के आगे संयुक्त अक्षर क्त आने से और लघु अक्षर भि के आगे संयुक्त अक्षर र्ल आने से अक्षर त्य और भि की लघु मात्राएँ दीर्घ सिद्ध हुई हैं.
3. इस छंद की तृतीय पंक्ति में लघु अक्षर ल के आगे संयुक्त अक्षर क्ष्य आने से अक्षर ल की लघु मात्रा दीर्घ सिद्ध हुई है.

(आकाश)

दोहा॰ **देखो और सुहावना, सुंदर यह आकाश ।**
गौर वर्ण के मेघ हैं, शीतल चंद्र प्रकाश ।।

बादल निर्जल चल रहे, जिधर हवा का झोंक ।
सेवा में आकाश की, लगे हुए बिन टोक ।।

3.5

भिन्नाञ्जनप्रचयकान्ति नभो मनोज्ञं बन्धूकपुष्परजसाऽरुणिता च भूमिः ।
वप्राश्च चारुकलमावृतभूमिभागाः प्रोत्कण्ठयन्ति न मनो भुवि कस्य यूनः ॥

त भ ज ज ग ग वसंततिलका छंद

भिन्नाञ्ज[1]	नप्रच[1]	यकान्ति	नभोम	नोज्ञम्
ऽ ऽ ।	ऽ । ।	। ऽ ।	। ऽ ।	ऽ ऽ

बन्धूक[2]	पुष्पर[2]	जसाऽरु	णिताच	भूमिः
ऽ ऽ ।	ऽ । ।	। ऽ ।	। ऽ ।	ऽ ऽ
वप्राश्च[3]	चारुक	लमावृ	तभूमि	भागाः
ऽ ऽ ।	ऽ । ।	। ऽ ।	। ऽ ।	ऽ ऽ
प्रोत्कण्ठ[4]	यन्तिन[4]	मनोभु	विकस्य[4]	यूनः
ऽ ऽ ।	ऽ । ।	। ऽ ।	। ऽ ।	ऽ ऽ

पाद टिप्पणियाँ :

1. इस वसंततिलका छंद की पहली पंक्ति में लघु अक्षर भि के आगे संयुक्त अक्षर न्न आने से और लघु अक्षर न के आगे संयुक्त अक्षर प्र आने से अक्षर भि और न की लघु मात्राएँ दीर्घ सिद्ध हुई हैं.
2. इस वसंततिलका छंद की द्वितीय पंक्ति में लघु अक्षर ब के आगे संयुक्त अक्षर न्ध आने से और लघु अक्षर पु के आगे संयुक्त अक्षर ष्प आने से अक्षर ब और पु की लघु मात्राएँ दीर्घ सिद्ध हुई हैं.
3. इस छंद की तृतीय पंक्ति में लघु अक्षर व के आगे संयुक्त अक्षर प्र आने से अक्षर व की लघु मात्रा दीर्घ सिद्ध हुई है.
4. इस वसंततिलका छंद की चौथी पंक्ति में लघु अक्षर त्क के आगे संयुक्त अक्षर ण्ठ आने से, लघु अक्षर य के आगे संयुक्त अक्षर न्त आने से और लघु अक्षर क के आगे संयुक्त अक्षर स्य आने से अक्षर त्क, य और क की लघु मात्राएँ दीर्घ सिद्ध हुई हैं.

(आकाश और पृथ्वी)

दोहा० **इधर-उधर काजल लगे, बादल धब्बेदार ।**
लटक रहे आकाश में, शोभा का दीदार ।।

दुपहरिया के फूल सी, धरती लाली-लाल ।
पके धान के खेत से, पोता जिसका भाल ।।

ऐसा भी नर कौन है, पत्थर जिसका पित्त ।
ऐसी सुषमा देख कर, पिघलेगा ना चित्त ।।

3.6

मन्दानिलाकुलितचारुतराग्रशाखः पुष्पोद्गमप्रचयकोमलपल्लवाग्रः ।
मत्तद्विरेफपरिपीतमधुप्रसेकश्चित्तं विदारयति कस्य न कोविदारः ॥

त भ ज ज ग ग वसंततिलका छंद

मन्दानि[1]	लाकुलि	तचारु	तराग्र	शाखः
ऽ ऽ ।	ऽ । ।	। ऽ ।	। ऽ ।	ऽ ऽ
पुष्पोद्ग[2]	मप्रच[2]	यकोम	लपल्ल[2]	वाग्रः
ऽ ऽ ।	ऽ । ।	। ऽ ।	। ऽ ।	ऽ ऽ
मत्तद्वि[3]	रेफप	रिपीत	मधुप्र[3]	सेकः
ऽ ऽ ।	ऽ । ।	। ऽ ।	। ऽ ।	ऽ ऽ
श्चित्तंवि[4]	दारय	तिकस्य[4]	नकोवि	दारः
ऽ ऽ ।	ऽ । ।	। ऽ ।	। ऽ ।	ऽ ऽ

पाद टिप्पणियाँ :

1. इस वसंततिलका छंद की पहली पंक्ति में लघु अक्षर म के आगे संयुक्त अक्षर न्द आने से अक्षर म की लघु मात्रा दीर्घ सिद्ध हुई है.
2. इस वसंततिलका छंद की द्वितीय पंक्ति में लघु अक्षर पु के आगे संयुक्त अक्षर ष्प आने से, लघु अक्षर म के आगे संयुक्त अक्षर प्र आने से और लघु अक्षर प के आगे संयुक्त अक्षर ल्ल आने से अक्षर पु, म और प की लघु मात्राएँ दीर्घ सिद्ध हुई हैं.
3. इस छंद की तृतीय पंक्ति में लघु अक्षर म के आगे संयुक्त अक्षर त्त आने से और लघु अक्षर धु के आगे संयुक्त अक्षर प्र आने से अक्षर म और धु की लघु मात्राएँ दीर्घ सिद्ध हुई हैं.
4. इस वसंततिलका छंद की चौथी पंक्ति में लघु अक्षर श्चि के आगे संयुक्त अक्षर त्त आने से और लघु अक्षर क के आगे संयुक्त अक्षर स्य आने से अक्षर श्चि और क की लघु मात्राएँ दीर्घ सिद्ध हुई हैं.

(चमरिक कचनार)

दोहा॰ **सुंदर फूलों से भरा, मधुरस का कचनार ।**
भौंरे-अलियों से घिरा, फूलों का संभार ।।

ऐसा भी मन है कहाँ, निष्ठुर नखरेबाज ।
ऐसी रौनक देख कर, ललचाए न मिजाज ।।

3.7

तारागणप्रचुरभूषणमुद्वहन्ती मेघावरोधपरिमुक्तशशाङ्कवक्त्रा ।
ज्योत्स्नादुकूलममलं रजनी दधाना वृद्धिं प्रयात्यनुदिनं प्रमदेव बाला ॥

त भ ज ज ग ग वसंततिलका छंद

ताराग	णप्रचु[1]	रभूष	णमुद्व[1]	हन्ती[1]
ऽ ऽ ।	ऽ । ।	। ऽ ।	। ऽ ।	ऽ ऽ
मेघाव	रोधप	रिमुक्त[2]	शशाङ्क	वक्त्रा[2]
ऽ ऽ ।	ऽ । ।	। ऽ ।	। ऽ ।	ऽ ऽ
ज्योत्स्नादु	कूलम	मलंर	जनीद	धाना
ऽ ऽ ।	ऽ । ।	। ऽ ।	। ऽ ।	ऽ ऽ
वृद्धिंप्र[3]	यात्यनु	दिनंप्र	मदेव	बाला
ऽ ऽ ।	ऽ । ।	। ऽ ।	। ऽ ।	ऽ ऽ

पाद टिप्पणियाँ :

1. इस वसंततिलका छंद की पहली पंक्ति में लघु अक्षर ण के आगे संयुक्त अक्षर प्र आने से, लघु अक्षर मु के आगे संयुक्त अक्षर द्व आने से और लघु अक्षर ह के आगे संयुक्त अक्षर न्त आने से अक्षर ण, मु और ह की लघु मात्राएँ दीर्घ सिद्ध हुई हैं.
2. इस वसंततिलका छंद की द्वितीय पंक्ति में लघु अक्षर मु के आगे संयुक्त अक्षर क्त आने से और लघु अक्षर व के आगे संयुक्त अक्षर क्त्र आने से अक्षर मु और व की लघु मात्राएँ दीर्घ सिद्ध हुइ हैं.
3. इस छंद की चौथी पंक्ति में लघु अक्षर वृ के आगे संयुक्त अक्षर द्ध आने से अक्षर वृ की लघु मात्रा दीर्घ सिद्ध हुई है.

(चाँदनी रात)

दोहा० **तारों के श्रृंगार से, सजा-धजा आकाश ।**
मेघ मुक्त नभ में खिला, निर्मल चंद्र प्रकाश ।।

वस्त्र जिसे है चाँदनी, उज्ज्वल ऐसी रात ।
शरत् काल में उभर कर, आती देर प्रभात ।।

3.8

कारण्डवाहनविघट्टितवीचिमालाः कादम्बसारसकुलाकुलतीरदेशाः ।
कुर्वन्ति हंसविरुतैः परितो जनस्य प्रीतिं सरोरुहरजोरुणितास्तटिन्यः ॥

त भ ज ज ग ग वसंततिलका छंद

कारण्ड[1]	वाहन	विघट्टि[1]	तवीचि	मालाः
ऽ ऽ ।	ऽ । ।	। ऽ ।	। ऽ ।	ऽ ऽ
कादम्ब[2]	सारस	कुलाकु	लतीर	देशाः
ऽ ऽ ।	ऽ । ।	। ऽ ।	। ऽ ।	ऽ ऽ
कुर्वन्ति[3]	हंसवि	रुतैःप	रितोज	नस्य[3]
ऽ ऽ ।	ऽ । ।	। ऽ ।	। ऽ ।	ऽ । *
प्रीतिंस	रोरुह	रजोरु	णितास्त	टिन्यः[4]
ऽ ऽ ।	ऽ । ।	। ऽ ।	। ऽ ।	ऽ ऽ

* अंतिम 14 वीं लघु (।) मात्रा भी गुरु (ऽ) मानी गयी है.

पाद टिप्पणियाँ :

1. इस वसंततिलका छंद की पहली पंक्ति में लघु अक्षर र के आगे संयुक्त अक्षर ण्ड आने से और लघु अक्षर घ के आगे संयुक्त अक्षर ट्ट आने से अक्षर र और घ की लघु मात्राएँ दीर्घ सिद्ध हुई हैं.
2. इस वसंततिलका छंद की द्वितीय पंक्ति में लघु अक्षर द के आगे संयुक्त अक्षर म्ब आने से अक्षर द की लघु मात्रा दीर्घ सिद्ध हुई है.
3. इस छंद की तृतीय पंक्ति में लघु अक्षर कु के आगे संयुक्त अक्षर र्व आने से, लघु अक्षर र्व के आगे संयुक्त अक्षर न्त आने से और लघु अक्षर न के आगे संयुक्त अक्षर स्य आने से अक्षर कु, र्व और न की लघु मात्राएँ दीर्घ सिद्ध हुई हैं.
4. इस वसंततिलका छंद की चौथी पंक्ति में लघु अक्षर टि के आगे संयुक्त अक्षर न्य आने से अक्षर टि की लघु मात्रा दीर्घ सिद्ध हुई है.

(पक्षी विशेष)

दोहा॰ **बत्तख-सारस झुंड से, शोभित जिसके तीर ।**
कमल पराग सुगंध से, सुरभित जिसका नीर ।।

उस सरिता के तीर पर, हँसों का परिवार ।
राजहंस की शरद् में, कलरव ध्वनि मनहार ।।

3.9

नेत्रोत्सवो हृदयहारिमरीचिमालः प्रह्लादकः शिशिरशीकरवारिवर्षी ।
पत्युर्वियोगविषदिग्धशरक्षतानां चन्द्रो दहत्यतितरां तनुमङ्गनानाम् ॥

त भ ज ज ग ग वसंततिलका छंद

नेत्रोत्स	वोहृद	यहारि	मरीचि	मालः
ऽ ऽ ।	ऽ । ।	। ऽ ।	। ऽ ।	ऽ ऽ
प्रह्लाद[1]	कःशिशि	रशीक	रवारि	वर्षी[1]
ऽ ऽ ।	ऽ । ।	। ऽ ।	। ऽ ।	ऽ ऽ
पत्युर्वि[2]	योगवि	षदिग्ध[2]	शरक्ष[2]	तानाम्
ऽ ऽ ।	ऽ । ।	। ऽ ।	। ऽ ।	ऽ ऽ
चन्द्रोद[3]	हत्यति[3]	तरांत	नुमङ्गना[3]	नाम्
ऽ ऽ ।	ऽ । ।	। ऽ ।	। ऽ ।	ऽ ऽ

पाद टिप्पणियाँ :

1. इस वसंततिलका छंद की द्वितीय पंक्ति में लघु अक्षर प्र के आगे संयुक्त अक्षर ह्ल आने से और लघु अक्षर व के आगे संयुक्त अक्षर र्ष आने से अक्षर प्र और व की लघु मात्राएँ दीर्घ सिद्ध हुई हैं.
2. इस छंद की तृतीय पंक्ति में लघु अक्षर प के आगे संयुक्त अक्षर त्य आने से, लघु अक्षर त्यु के आगे संयुक्त अक्षर र्व आने से, लघु अक्षर दि के आगे संयुक्त अक्षर ग्ध आने से और लघु अक्षर र के आगे संयुक्त अक्षर क्ष आने से अक्षर प, त्यु, दि और र की लघु मात्राएँ दीर्घ सिद्ध हुई हैं.
3. इस वसंततिलका छंद की चौथी पंक्ति में लघु अक्षर च के आगे संयुक्त अक्षर न्द्र आने से, लघु अक्षर ह के आगे संयुक्त अक्षर त्य आने से और लघु अक्षर

म के आगे संयुक्त अक्षर ङ्ग आने से अक्षर च, ह और म की लघु मात्राएँ दीर्घ सिद्ध हुई हैं.

(हे वियोगिनी!)

(चंद्रमा)

दोहा॰ **नेत्रनंदकर चंद्रमा, शशि–किरणों से शीत ।**
तुषारमणि चमकाय कर, हृदय चढ़ाता प्रीत ।।

पतिवियोग के बाण से, आहत है जो नार ।
उसके मन को दहन से, करता है उद्धार ।।

3.10

आकम्पयन्फलभरानतशालिजालानाआनर्तयंस्तरुवरान्कुसुमावनम्रान् ।
उत्फुल्लपङ्कजवनां नलिनीं विधुन्वन्यूनां मनश्चलयति प्रसभं नभस्वान् ॥

त भ ज ज ग ग वसंततिलका छंद

आकम्प[1]	यन्फल[1]	भरान	तशालि	जालान्
ऽ ऽ ।	ऽ । ।	। ऽ ।	। ऽ ।	ऽ ऽ
आनर्त[2]	यंस्तरु	वरान्कु	सुमाव	नम्रान्[2]
ऽ ऽ ।	ऽ । ।	। ऽ ।	। ऽ ।	ऽ ऽ
उत्फुल्ल[3]	पङ्कज[3]	वनांन	लिनींवि	धुन्व-[3]
ऽ ऽ ।	ऽ । ।	। ऽ ।	। ऽ ।	ऽ ऽ
न्यूनांम	नश्चल[4]	यतिप्र[4]	सभंन	भस्वान्[4]
ऽ ऽ ।	ऽ । ।	। ऽ ।	। ऽ ।	ऽ ऽ

पाद टिप्पणियाँ :

1. इस वसंततिलका छंद की पहली पंक्ति में लघु अक्षर क के आगे संयुक्त अक्षर म्प आने से और लघु अक्षर य के आगे संयुक्त अक्षर न्फ आने से अक्षर क और य की लघु मात्राएँ दीर्घ सिद्ध हुई हैं.
2. इस वसंततिलका छंद की द्वितीय पंक्ति में प्रथम लघु अक्षर न के आगे संयुक्त अक्षर र्त आने से और द्वितीय लघु अक्षर न के आगे संयुक्त अक्षर म्र आने से दोनों अक्षर न की लघु मात्राएँ दीर्घ सिद्ध हुई हैं.

3. इस छंद की तृतीय पंक्ति में लघु अक्षर उ के आगे संयुक्त अक्षर त्फ आने से, लघु अक्षर त्फु के आगे संयुक्त अक्षर ल्ल आने से, लघु अक्षर प के आगे संयुक्त अक्षर द्भ आने से और लघु अक्षर धु के आगे संयुक्त अक्षर न्व आने से अक्षर उ, त्फु, प और धु की लघु मात्राएँ दीर्घ सिद्ध हुई हैं.
4. इस वसंततिलका छंद की चौथी पंक्ति में लघु अक्षर न के आगे संयुक्त अक्षर श्च आने से, लघु अक्षर ति के आगे संयुक्त अक्षर प्र आने से और लघु अक्षर भ के आगे संयुक्त अक्षर स्व आने से अक्षर न, ति और भ की लघु मात्राएँ दीर्घ सिद्ध हुई हैं.

(समीर)

दोहा॰ **झुके बीज के बोझ से, नम्र हुए तृण धान ।**
समीर के पवमान से, हिल कर गाते गान ।।

सुमनों के संभार से, विनम्र कुरबक पेड़ ।
झुक कर करके नमन हैं, हिरदय जाते छेड़ ।।

कमलवनों की नलिनियाँ, पाती हैं हिंडोल ।
देख जनों के हृदय हैं, मद में जाते डोल ।।

3.11

सोन्मादहंसमिथुनैरुपशोभितानि स्वच्छप्रफुल्लकमलोत्पलभूषितानि ।
मन्दप्रभातपवनोद्गतवीचिमालान्युत्कण्ठयन्ति हृदयं सहसा सरांसि ॥

त भ ज ज ग ग वसंततिलका छंद

सोन्माद	हंसमि	थुनैरु	पशोभि	तानि
ऽ ऽ ।	ऽ । ।	। ऽ ।	। ऽ ।	ऽ । *
स्वच्छप्र [1]	फुल्लक [1]	मलोत्प	लभूषि	तानि
ऽ ऽ ।	ऽ । ।	। ऽ ।	। ऽ ।	ऽ । *
मन्दप्र [2]	भातप	वनोद्ग	तवीचि	मालान्
ऽ ऽ ।	ऽ । ।	। ऽ ।	। ऽ ।	ऽ ऽ
उत्कण्ठ [3]	यन्तिहृ [3]	दयंस	हसास	रांसि

ऽ ऽ ।	ऽ । ।	। ऽ ।	। ऽ ।	ऽ ।

* अंतिम 14 वीं लघु (।) मात्रा भी गुरु (ऽ) मानी गयी है.

पाद टिप्पणियाँ :

1. इस वसंततिलका छंद की द्वितीय पंक्ति में लघु अक्षर स्व के आगे संयुक्त अक्षर च्छ आने से, लघु अक्षर च्छ के आगे संयुक्त अक्षर प्र आने से और लघु अक्षर फु के आगे संयुक्त अक्षर ल्ल आने से अक्षर स्व, च्छ और फु की लघु मात्राएँ दीर्घ सिद्ध हुई हैं.
2. इस छंद की तृतीय पंक्ति में लघु अक्षर म के आगे संयुक्त अक्षर न्द आने से और लघु अक्षर न्द के आगे संयुक्त अक्षर प्र आने से अक्षर म और न्द की लघु मात्राएँ दीर्घ सिद्ध हुई हैं.
3. इस वसंततिलका छंद की चौथी पंक्ति में लघु अक्षर उ के आगे संयुक्त अक्षर त्क आने से, लघु अक्षर त्क के आगे संयुक्त अक्षर ण्ठ आने से और लघु अक्षर य के आगे संयुक्त अक्षर न्त आने से अक्षर उ, त्क और य की लघु मात्राएँ दीर्घ सिद्ध हुई हैं.

(और, हे यक्षिणी!)

दोहा॰ **हंस युग्म मदमत्त से, सरवर सुषमामान ।**
सुंदर सुमन सरोज से, सलिल शोभावान; ।।

मंद पवन से झील पर, निर्मल नीर तरंग ।
निहार रम्य प्रभात में, रोमांचित है अंग ।।

3.12

नष्टं धनुर्बलभिदो जलदोदरेषु सौदामिनी स्फुरति नाद्य वियत्पताका ।
धुन्वन्ति पक्षपवनैर्न नभो बलाकाः पश्यन्ति नोन्नतमुखा गगनं मयूराः ॥

त भ ज ज ग ग वसंततिलका छंद

नष्टंध[1]	नुर्बल[1]	भिदोज	लदोद	रेषु
ऽ ऽ ।	ऽ । ।	। ऽ ।	। ऽ ।	ऽ ऽ
सौदामि	नीस्फुर	तिनाद्य	वियत्प[2]	ताका
ऽ ऽ ।	ऽ । ।	। ऽ ।	। ऽ ।	ऽ ऽ

धुन्वन्ति[3]	पक्षप[3]	वनैनं	नभोब	लाकाः
ऽ ऽ ।	ऽ । ।	। ऽ ।	। ऽ ।	ऽ ऽ
पश्यन्ति[4]	नोन्नत	मुखाग	गनंम	यूराः
ऽ ऽ ।	ऽ । ।	। ऽ ।	। ऽ ।	ऽ ऽ

पाद टिप्पणियाँ :

1. इस वसंततिलका छंद की प्रथम पक्ति में लघु अक्षर न के आगे संयुक्त अक्षर ष्ट आने से और लघु अक्षर नु के आगे संयुक्त अक्षर ब्र आने से अक्षर न और नु की लघु मात्राएँ दीर्घ सिद्ध हुई हैं.
2. इस वसंततिलका छंद की द्वितीय पंक्ति में लघु अक्षर य के आगे संयुक्त अक्षर त्प आने से अक्षर य की लघु मात्रा दीर्घ सिद्ध हुई है.
3. इस छंद की तृतीय पंक्ति में लघु अक्षर धु के आगे संयुक्त अक्षर न्व आने से, लघु अक्षर न्व के आगे संयुक्त अक्षर न्त आने से और लघु अक्षर प के आगे संयुक्त अक्षर क्ष आने से अक्षर धु, न्व और प की लघु मात्राएँ दीर्घ सिद्ध हुई हैं.
4. इस वसंततिलका छंद की चौथी पंक्ति में लघु अक्षर प के आगे संयुक्त अक्षर श्य आने से और लघु अक्षर श्य के आगे संयुक्त अक्षर न्त आने से अक्षर प और श्य की लघु मात्राएँ दीर्घ सिद्ध हुई हैं.

(मगर, हे प्रिये!)

दोहा॰ **मगर पिये! देखो वहाँ, इंद्रधनुष लवलीन ।**
मेष गणों की कुक्षि में, मौसम के आधीन ।।

केतुरूप विद्युत कहीं, गई छोड़ आकाश ।
पक्षी भी नभ मार्ग से, लिए हुए अवकाश ।।

ऊर्ध्वमुखी न मयूर भी, कहीं दिख रहे आज ।
चातक जैसे, गगन को, तकने में नाराज ।।

3.13

नृत्यप्रयोगरहिताञ्शिखिनो विहाय हंसानुपैति मदनो मधुरप्रगीतान् ।

मुक्त्वा कदम्बकुटजार्जुनसर्जनीपान्सप्तच्छदानुपगता कुसुमोद्गमश्रीः ॥

त भ ज ज ग ग वसंततिलका छंद

नृत्यप्र[1]	योगर	हिताञ्शि	खिनोवि	हाय
ऽ ऽ ।	ऽ । ।	। ऽ ।	। ऽ ।	ऽ । *
हंसानु	पैतिम	दनोम	धुरप्र[2]	गीतान्
ऽ ऽ ।	ऽ । ।	। ऽ ।	। ऽ ।	ऽ ऽ
मुक्त्वाक[3]	दम्बकु[3]	टजार्जु	नसर्ज[3]	नीपान्
ऽ ऽ ।	ऽ । ।	। ऽ ।	। ऽ ।	ऽ ऽ
सप्तच्छ[4]	दानुप	गताकु	सुमोद्ग	मश्रीः[4]
ऽ ऽ ।	ऽ । ।	। ऽ ।	। ऽ ।	ऽ ऽ

* अंतिम 14 वीं लघु (।) मात्रा भी गुरु (ऽ) मानी गयी है.

पाद टिप्पणियाँ :

1. इस वसंततिलका छंद की प्रथम पंक्ति में लघु अक्षर नृ के आगे संयुक्त अक्षर त्य आने से और लघु अक्षर त्य के आगे संयुक्त अक्षर प्र आने से अक्षर नृ और त्य की लघु मात्राएँ दीर्घ सिद्ध हुई हैं.
2. इस वसंततिलका छंद की द्वितीय पंक्ति में लघु अक्षर र के आगे संयुक्त अक्षर प्र आने से अक्षर र की लघु मात्रा दीर्घ सिद्ध हुई है.
3. इस छंद की तृतीय पंक्ति में लघु अक्षर मु के आगे संयुक्त अक्षर क्त्व आने से, लघु अक्षर द के आगे संयुक्त अक्षर म्ब आने से और लघु अक्षर स के आगे संयुक्त अक्षर र्ज आने से अक्षर मु, द और स की लघु मात्राएँ दीर्घ सिद्ध हुई हैं.
4. इस वसंततिलका छंद की चौथी पंक्ति में लघु अक्षर स के आगे संयुक्त अक्षर प्त आने से, लघु अक्षर प्त के आगे संयुक्त अक्षर च्छ आने से और लघु अक्षर म के आगे संयुक्त अक्षर श्र आने से अक्षर स, प्त और म की लघु मात्राएँ दीर्घ सिद्ध हुई हैं.

(अत:, हे यक्षिणी!)

दोहा॰ **भौरों का दुख देख कर, कामदेव को कष्ट ।**
नाच रहे न मयूर हैं, उछाह उनका नष्ट ।।

हंसों को वह देखता, गा कर मधुतम गान ।

पुष्पित वीणा पर नयी, बजाय मोहक तान ।।

प्रसून उद्गम-श्री तभी, तज कर कदंब वृक्ष ।
सप्तच्छद के पेड़ पर, विराज शिव सदृक्ष ।।

कूटज अर्जुन शाल के, पेड़ पर नहीं फूल ।
असमंजस में पड़ गए, शरद् गए हैं भूल ।।

3.14

शेफालिकाकुसुमगन्धमनोहराणि स्वस्थस्थितताण्डजकुलप्रतिनादितानि ।
पर्यन्तसंस्थितमृगीनयनोत्पलानि प्रोत्कण्ठयन्त्युपवनानि मनांसि पुंसाम् ॥

त भ ज ज ग ग वसंततिलका छंद

शेफालि	काकुसु	मगन्ध[1]	मनोह	राणि
ऽ ऽ ।	ऽ । ।	। ऽ ।	। ऽ ।	ऽ । *
स्वस्थस्थि[2]	ताण्डज	कुलप्र[2]	तिनादि	तानि
ऽ ऽ ।	ऽ । ।	। ऽ ।	। ऽ ।	ऽ । *
पर्यन्त[3]	संस्थित	मृगीन	यनोत्प	लानि
ऽ ऽ ।	ऽ । ।	। ऽ ।	। ऽ ।	ऽ । *
प्रोत्कण्ठ[4]	यन्त्युप[4]	वनानि	मनांसि	पुंसाम्
ऽ ऽ ।	ऽ । ।	। ऽ ।	। ऽ ।	ऽ ऽ

* अंतिम 14 वीं लघु (।) मात्रा भी गुरु (ऽ) मानी गयी है.

पाद टिप्पणियाँ :

1. इस वसंततिलका छंद की प्रथम पंक्ति में लघु अक्षर ग के आगे संयुक्त अक्षर न्ध आने से अक्षर ग की लघु मात्रा दीर्घ सिद्ध हुई है.
2. इस वसंततिलका छंद की द्वितीय पंक्ति में लघु अक्षर स्थ के आगे संयुक्त अक्षर स्थ आने से और लघु अक्षर ल के आगे संयुक्त अक्षर प्र आने से दोनों अक्षर स्थ की और ल की लघु मात्राएँ दीर्घ सिद्ध हुई हैं.
3. इस छंद की तृतीय पंक्ति में लघु अक्षर प के आगे संयुक्त अक्षर र्य आने से और लघु अक्षर र्य के आगे संयुक्त अक्षर न्त आने से अक्षर प और र्य की लघु मात्राएँ दीर्घ सिद्ध हुई हैं.

4. इस वसंततिलका छंद की चौथी पंक्ति में लघु अक्षर त्क के आगे संयुक्त अक्षर ण्ठ आने से और लघु अक्षर य के आगे संयुक्त अक्षर न्त्य आने से अक्षर त्क और य की लघु मात्राएँ दीर्घ सिद्ध हुई हैं.

(परंतु, हे प्रिये!)

दोहा॰ **परंतु देखो, हे प्रिये! अचरज होगा तोह ।**
मृग-नयनों से, कमल ये, मन को लेगा मोह ।।

चहचह मधुर विहंग की, और सुमन सुगंध ।
करे मुग्धमय चित्त को, जोड़ आत्म संबंध ।।

3.15

कह्लारपद्मकुमुदानि मुहुर्विधुन्वस्तत्सङ्गमादधिकशीतलतामुपेतः ।
उत्कण्ठयत्यतितरां पवनः प्रभाते पत्रान्तलग्नतुलिनाम्बु विधूयमानः ॥

त भ ज ज ग ग वसंततिलका छंद

कह्लार[1]	पद्मकु[1]	मुदानि	मुहुर्वि[1]	धुन्वः[1]
ऽ ऽ ।	ऽ । ।	। ऽ ।	। ऽ ।	ऽ ऽ
तत्सङ्ग[2]	मादधि	कशीत	लतामु	पेतः
ऽ ऽ ।	ऽ । ।	। ऽ ।	। ऽ ।	ऽ ऽ
उत्कण्ठ[3]	यत्यति[3]	तरांप	वनःप्र	भाते
ऽ ऽ ।	ऽ । ।	। ऽ ।	। ऽ ।	ऽ ऽ
पत्रान्त[4]	लग्नतु[4]	लिनाम्बु	विधूय	मानः
ऽ ऽ ।	ऽ । ।	। ऽ ।	। ऽ ।	ऽ ऽ

पाद टिप्पणियाँ :

1. इस वसंततिलका पद्य की प्रथम पंक्ति में लघु अक्षर क के आगे संयुक्त अक्षर ह्ल आने से, लघु अक्षर प के आगे संयुक्त अक्षर द्म आने से, लघु अक्षर हु के आगे संयुक्त अक्षर र्व आने से और लघु अक्षर धु के आगे संयुक्त अक्षर न्व आने से अक्षर क, प, हु और धु की लघु मात्राएँ दीर्घ सिद्ध हुई हैं.

2. इस वसंततिलका छंद की द्वितीय पंक्ति में लघु अक्षर त के आगे संयुक्त अक्षर त्स आने से और लघु अक्षर त्स के आगे संयुक्त अक्षर ङ्ग आने से अक्षर त और त्स की लघु मात्राएँ दीर्घ सिद्ध हुई हैं.
3. इस छंद की तृतीय पंक्ति में लघु अक्षर उ के आगे संयुक्त अक्षर त्क आने से, लघु अक्षर त्क के आगे संयुक्त अक्षर ण्ठ आने से और लघु अक्षर य के आगे संयुक्त अक्षर त्य आने से अक्षर उ, त्क और य की लघु मात्राएँ दीर्घ सिद्ध हुई हैं.
4. इस वसंततिलका छंद की चौथी पंक्ति में लघु अक्षर प के आगे संयुक्त अक्षर त्र आने से और लघु अक्षर ल के आगे संयुक्त अक्षर ग्न आने से अक्षर प और ल की लघु मात्राएँ दीर्घ सिद्ध हुई हैं.

(और, हे पिये)

(पवन)

दोहा॰ **कमल–कुमुद के कुसुम को, कँपाता हुआ वात ।**
सुगंध के संपर्क से, सुखद शीत को प्राप्त; ।।

पहले प्रहर प्रभात में, प्रेमल पवन प्रहार ।
उत्कण्ठा उत्पन्न है, करता पवन उदार ।।

3.16

सम्पन्नशालिनिचयावृतभूतलानि स्वस्थस्थितप्रचुरगोकुलशोभितानि ।
हंसैश्च सारसकुलैः प्रतिनादितानि सीमान्तराणि जनयन्ति जनप्रमोदम् ॥

त भ ज ज ग ग वसंततिलका छंद

सम्पन्न[1]	शालिनि	चयावृ	तभूत	लानि
ऽ ऽ ।	ऽ । ।	। ऽ ।	। ऽ ।	ऽ । *
स्वस्थस्थि[2]	तप्रचु[2]	रगोकु	लशोभि	तानि
ऽ ऽ ।	ऽ । ।	। ऽ ।	। ऽ ।	ऽ । *
हंसैश्च	सारस	कुलैःप्र	तिनादि	तानि
ऽ ऽ ।	ऽ । ।	। ऽ ।	। ऽ ।	ऽ । *
सीमान्त	राणिज	नयन्ति[3]	जनप्र[3]	मोदम्

ऽ ऽ ।	ऽ । ।	। ऽ ।	। ऽ ।	ऽ ऽ

* अंतिम 14 वीं लघु (।) मात्रा भी गुरु (ऽ) मानी गयी है.

पाद टिप्पणियाँ :

1. इस वसंततिलका छंद की प्रथम पंक्ति में लघु अक्षर स के आगे संयुक्त अक्षर म्प आने से और इस लघु अक्षर म्प के आगे संयुक्त अक्षर न्न आने से अक्षर स और म्प की लघु मात्राएँ दीर्घ सिद्ध हुई हैं.
2. इस वसंततिलका छंद की द्वितीय पंक्ति में लघु अक्षर स्व के आगे संयुक्त अक्षर स्थ आने से, इस लघु अक्षर स्थ के आगे भी संयुक्त अक्षर स्थ आने से और लघु अक्षर त के आगे संयुक्त अक्षर प्र आने से अक्षर स्व, स्थ और त की लघु मात्राएँ दीर्घ सिद्ध हुई हैं.
3. इस वसंततिलका छंद की चौथी पंक्ति में लघु अक्षर य के आगे संयुक्त अक्षर न्त आने से और लघु अक्षर न के आगे संयुक्त अक्षर प्र आने से अक्षर य और न की लघु मात्राएँ दीर्घ सिद्ध हुई हैं.

(हे यक्षिणी)

(शरत् काल)

दोहा॰ **विपुल जहाँ पर धान्य है, गौ–धन भी है प्रचुर ।**
उस सीमा में देश के, जनता हृष्ट जरूर ।।

राजहंस सारस तथा, अन्य विहग समुदाय ।
शरत् काल में कूज से, देते हर्ष बढ़ाय ।।

3.17

हंसैर्जिता सुललिता गतिरङ्गनानामंम्भोरुहैर्विकसितैर्मुखचन्द्रकान्तिः ।
नीलोत्पलैर्मदचलानि विलोचनानि भ्रूविभ्रमश्च रुचिरास्तनुभिस्तरङ्गैः ॥

त भ ज ज ग ग वसंततिलका छंद

हंसैर्जि	तासुल	लिताग	तिरङ्ग[1]	नानाम्
ऽ ऽ ।	ऽ । ।	। ऽ ।	। ऽ ।	ऽ ऽ
अम्भोरु[2]	हैर्विक	सितैर्मु	खचन्द्र[2]	कान्तिः
ऽ ऽ ।	ऽ । ।	। ऽ ।	। ऽ ।	ऽ ऽ

नीलोत्प	लैर्मद	चलानि	विलोच	नानि
ऽ ऽ ।	ऽ । ।	। ऽ ।	। ऽ ।	ऽ । *
भ्रूविभ्र[3]	मश्चरु[3]	चिरास्त	नुभिस्त[3]	रङ्गैः[3]
ऽ ऽ ।	ऽ । ।	। ऽ ।	। ऽ ।	ऽ ऽ

* अंतिम 14 वीं लघु (।) मात्रा भी गुरु (ऽ) मानी गयी है.

पाद टिप्पणियाँ :

1. इस वसंततिलका पद्य के प्रथम पंक्ति में लघु अक्षर र के आगे संयुक्त अक्षर ङ्ग आने से अक्षर र की लघु मात्रा दीर्घ सिद्ध हुई है.
2. इस वसंततिलका छंद की द्वितीय पंक्ति में लघु अक्षर अ के आगे संयुक्त अक्षर म्भ आने से और लघु अक्षर च के आगे संयुक्त अक्षर न्द्र आने से अक्षर अ और च की लघु मात्राएँ दीर्घ सिद्ध हुई हैं.
3. इस छंद की चौथी पंक्ति में लघु अक्षर वि के आगे संयुक्त अक्षर भ्र आने से, लघु अक्षर म के आगे संयुक्त अक्षर श्च आने से लघु अक्षर भि के आगे संयुक्त अक्षर स्त आने से और लघु अक्षर र के आगे संयुक्त अक्षर ङ्ग आने से अक्षर वि, म, भि और र की लघु मात्राएँ दीर्घ सिद्ध हुई हैं.

(हे यक्षिणी! जानती हो ...)

दोहा॰

कामिनियों का ठुमकना, पग में घुँघरू डाल ।
युग-युग के परिणाम से, बने हंस की चाल ।।

घायल करना हृदय को, मार नजर के बाण ।
सीखी हिरणी ने अदा, लेने दृग से प्राण ।।

ललनाएँ मुखचंद्र के, बल से दिल बहलाय ।
सीखी कमलों ने कला, "मुखकमल" कहलाय ।।

भामिनियों की भौंह से, नयन कटाक्ष विलास ।
जल लहारों ने छीन कर, दिया नदी को खास ।।

3.18

श्यामा लताः कुसुमभारनतप्रवालाः

स्त्रीणां हरन्ति धृतभूषणबाहुकान्तिम् ।
दन्तावभासविशदस्मितचन्द्रकान्तिं
कङ्केलिपुष्परुचिरा नवमालती च ॥

त भ ज ज ग ग वसंततिलका छंद

श्यामाल	ताःकुसु	मभार	नतप्र[1]	वालाः
ऽ ऽ ।	ऽ । ।	। ऽ ।	। ऽ ।	ऽ ऽ
स्त्रीणांह	रन्तिधृ[2]	तभूष	णबाहु	कान्तिम्
ऽ ऽ ।	ऽ । ।	। ऽ ।	। ऽ ।	ऽ ऽ
दन्ताव[3]	भासवि	शदस्मि[3]	तचन्द्र[3]	कान्तिम्
ऽ ऽ ।	ऽ । ।	। ऽ ।	। ऽ ।	ऽ ऽ
कङ्केलि[4]	पुष्परु[4]	चिरान	वमाल	तीच
ऽ ऽ ।	ऽ । ।	। ऽ ।	। ऽ ।	ऽ । *

* अंतिम 14 वीं लघु (।) मात्रा भी गुरु (ऽ) मानी गयी है.

पाद टिप्पणियाँ :

1. इस वसंततिलका छंद की प्रथम पंक्ति में लघु अक्षर त के आगे संयुक्त अक्षर प्र आने से अक्षर त की लघु मात्रा दीर्घ सिद्ध हुई है.
2. इस वसंततिलका छंद की द्वितीय पंक्ति में लघु अक्षर र के आगे संयुक्त अक्षर न्त आने से अक्षर र की लघु मात्रा दीर्घ सिद्ध हुई है.
3. इस छंद की तृतीय पंक्ति में प्रथम लघु अक्षर द के आगे संयुक्त अक्षर न्त आने से, द्वितीय लघु अक्षर द के आगे संयुक्त अक्षर स्म आने से और लघु अक्षर च के आगे संयुक्त अक्षर न्द्र आने से अक्षर द, द और च की लघु मात्राएँ दीर्घ सिद्ध हुई हैं.
4. इस वसंततिलका छंद की चौथी पंक्ति में लघु अक्षर क के आगे संयुक्त अक्षर ङ्क आने से और लघु अक्षर पु के आगे संयुक्त अक्षर ष्प आने से अक्षर क और पु की लघु मात्राएँ दीर्घ सिद्ध हुई हैं.

(और, हे प्रिये!)

दोहा॰ **अलंकार धारण किए, सजना शोभावान ।**
सीख गई श्यामा लता, पाने को सम्मान ।।

लता लदी वह कुसुम से, दिखलाने को शान ।
गौरव पाया जगत में, और हुआ अभिमान ।।

मानिनियों के दंत की, देख प्रभा अभिराम ।
कली-मालती ने लिया, ललचाने का काम ।।

3.19

केशान्नितान्तघननीलविकुञ्चिताग्रानापूरयन्ति वनिता नवमालतीभिः ।
कर्णेषु च प्रचलकांचनकुड्मलेषु नीलोत्पलानि विविधानि निवेशयन्ति ॥

त भ ज ज ग ग वसंततिलका छंद

केशान्नि	तान्तघ	ननील	विकुञ्चि[1]	ताग्रान्
ऽ ऽ ।	ऽ । ।	। ऽ ।	। ऽ ।	ऽ ऽ
आपूर	यन्तिव[2]	नितान	वमाल	तीभिः
ऽ ऽ ।	ऽ । ।	। ऽ ।	। ऽ ।	ऽ ऽ
कर्णेषु[3]	चप्रच[3]	लकांच	नकुड्म[3]	लेषु
ऽ ऽ ।	ऽ । ।	। ऽ ।	। ऽ ।	ऽ । *
नीलोत्प	लानिवि	विधानि	निवेश	यन्ति[4]
ऽ ऽ ।	ऽ । ।	। ऽ ।	। ऽ ।	ऽ । *

* अंतिम 14 वीं लघु (।) मात्रा भी गुरु (ऽ) मानी गयी है.

पाद टिप्पणियाँ :

1. इस वसंततिलका पद्य की प्रथम पंक्ति में लघु अक्षर कु के आगे संयुक्त अक्षर ञ्च आने से अक्षर कु की लघु मात्रा दीर्घ सिद्ध हुई है.
2. इस वसंततिलका छंद की द्वितीय पंक्ति में लघु अक्षर य के आगे संयुक्त अक्षर न्त आने से अक्षर य की लघु मात्रा दीर्घ सिद्ध हुई है.
3. इस छंद की तृतीय पंक्ति में लघु अक्षर क के आगे संयुक्त अक्षर र्ण आने से, लघु अक्षर च के आगे संयुक्त अक्षर प्र आने से और लघु अक्षर कु के आगे संयुक्त अक्षर ड्म आने से अक्षर क, च और कु की लघु मात्राएँ दीर्घ सिद्ध हुई हैं.
4. इस वसंततिलका छंद की चौथी पंक्ति में लघु अक्षर य के आगे संयुक्त अक्षर न्त आने से अक्षर य की लघु मात्रा दीर्घ सिद्ध हुई है.

(परिणामवश)

दोहा॰ **ललचा कर उस कौंति से, ललनाएँ हैं लुब्ध ।**
डालें कलिया मालती, बालों में समृद्ध ।।

काले कुन्तल में कली, धवल मालती डाल ।
घुँघराले उन बाल की, कौंति करै कमाल ।।

कानन कुण्डल कानक के, कुतल में कचनार ।
कुसुम कमल का कासनी, कर्णफूल श्रृंगार ।।

3.20

हारैः सचन्दनरसैः स्तनमण्डलानि श्रोणीतटं सुविपुलं रशनाकलापैः ।
पादाम्बुजानि कलनूपुरशेखरैश्च नार्यः प्रहृष्टमनसोऽद्य विभूषयन्ति ॥

त भ ज ज ग ग वसंततिलका छंद

हारैःस	चन्दन[1]	रसैःस्त	नमण्ड[1]	लानि
ऽ ऽ ।	ऽ । ।	। ऽ ।	। ऽ ।	ऽ । *
श्रोणीत	टंसुवि	पुलंर	शनाक	लापैः
ऽ ऽ ।	ऽ । ।	। ऽ ।	। ऽ ।	ऽ ऽ
पादाम्बु	जानिक	लनूपु	रशेख	रैश्च
ऽ ऽ ।	ऽ । ।	। ऽ ।	। ऽ ।	ऽ । *
नार्यःप्र	हृष्टम[2]	नसोऽद्य	विभूष	यन्ति[2]
ऽ ऽ ।	ऽ । ।	। ऽ ।	। ऽ ।	ऽ । *

* अंतिम 14 वीं लघु (।) मात्रा भी गुरु (ऽ) मानी गयी है.

पाद टिप्पणियाँ :

1. इस वसंततिलका पद्य की प्रथम पंक्ति में लघु अक्षर च के आगे संयुक्त अक्षर न्द आने से और लघु अक्षर म के आगे संयुक्त अक्षर ण्ड आने से अक्षर च और म की लघु मात्राएँ दीर्घ सिद्ध हुई हैं.
2. इस वसंततिलका छंद की चौथी पंक्ति में लघु अक्षर हृ के आगे संयुक्त अक्षर ष्ट आने से और लघु अक्षर य के आगे संयुक्त अक्षर न्त आने से अक्षर हृ और

य की लघु मात्राएँ दीर्घ सिद्ध हुई हैं.

(और, हे यक्षिणी)

दोहा॰   प्रसन्न मन की रमणियाँ, स्तन मंडल पर स्थूल ।
            माला चंदन गंध की, पहनें मन अनुकूल ।।

            स्वर्ण करधनी से सजे, उनके पीन नितंब ।
            पायल के घुँघरू बजे, चलते ही अविलंब ।।

3.21

स्फुटकुमुदचितानां राजहंसास्थितानां
मरकतमणिभासा वारिणा भूषितानाम् ।
श्रियमतिशयरूपां व्योम तोयाशयानां
वहति विगतमेघं चन्द्रतारावकीर्णम् ॥

न न म य य मालिनी छंद

स्फुटकु	मुदचि	तानांरा	जहंसा	स्थितानाम्
। । ।	। । ।	ऽ ऽ ऽ	। ऽ ऽ	। ऽ ऽ
मरक	तमणि	भासावा	रिणाभू	षितानाम्
। । ।	। । ।	ऽ ऽ ऽ	। ऽ ऽ	। ऽ ऽ
श्रियम	तिशय	रूपांव्यो	मतोया	शयानाम्
। । ।	। । ।	ऽ ऽ ऽ	। ऽ ऽ	। ऽ ऽ
वहति	विगत	मेघंच[1]	न्द्रतारा	वकीर्णम्
। । ।	। । ।	ऽ ऽ ऽ	। ऽ ऽ	। ऽ ऽ

पाद टिप्पणियाँ :

1. इस मालिनी छंद की चौथी पंक्ति में लघु अक्षर च के आगे संयुक्त अक्षर न्द्र
आने से अक्षर च की लघु मात्रा दीर्घ सिद्ध हुई है.

(अंबरा)

दोहा॰   विमल कमल से व्याप्त जो, राजहंस का धाम ।

मरकत मणि सम चमकता, सरवर नीर ललाम ।।

अंबर पर डाले छटा, मेघ हीन अवदात ।
तारा गण की चाँदनी, करती गगन सुशाँत ।।

3.22

शरदि कुमुदसङ्गाद्वायवो वान्ति शीता
विगतजलदवृन्दा दिग्विभागा मनोज्ञाः ।
विगतकलुषमम्भः श्यानपङ्का धरित्री
विमलकिरणचन्द्रं व्योम ताराविचित्रम् ॥

न न म य य मालिनी छंद

शरदि	कुमुद	सङ्गाद्वा[1]	यवोवा	न्तिशीता
। । ।	। । ।	ऽ ऽ ऽ	। ऽ ऽ	। ऽ ऽ
विगत	जलद	वृन्दादि[2]	ग्विभागा	मनोज्ञाः
। । ।	। । ।	ऽ ऽ ऽ	। ऽ ऽ	। ऽ ऽ
विगत	कलुष	मम्भःश्या[3]	नपङ्का[3]	धरित्री[3]
। । ।	। । ।	ऽ ऽ ऽ	। ऽ ऽ	। ऽ ऽ
विमल	किरण	चन्द्रंव्यो[4]	मतारा	विचित्रम्[4]
। । ।	। । ।	ऽ ऽ ऽ	। ऽ ऽ	। ऽ ऽ

पाद टिप्पणियाँ :

1. इस मालिनी पद्य की प्रथम पंक्ति में लघु अक्षर स के आगे संयुक्त अक्षर ङ्ग आने से अक्षर स की लघु मात्रा दीर्घ सिद्ध हुई है.
2. इस पद्य की द्वितीय पंक्ति में लघु अक्षर वृ के आगे संयुक्त अक्षर न्द आने से अक्षर वृ की लघु मात्रा दीर्घ सिद्ध हुई है.
3. इस छंद की तृतीय पंक्ति में लघु अक्षर म के आगे संयुक्त अक्षर म्भ आने से, लघु अक्षर प के आगे संयुक्त अक्षर ङ्क आने से और लघु अक्षर रि के आगे संयुक्त अक्षर त्र आने से अक्षर म, प और रि की लघु मात्राएँ दीर्घ सिद्ध हुई हैं.
4. इस वसंततिलका छंद की चौथी पंक्ति में लघु अक्षर च के आगे संयुक्त अक्षर न्द्र आने से और लघु अक्षर चि के आगे संयुक्त अक्षर त्र आने से अक्षर च और

चि की लघु मात्राएँ दीर्घ सिद्ध हुई हैं.

(हे यक्षिणी!)

दोहा॰ **शरत् काल में, हे प्रिये! शीत पवन सुकुमार ।**
फूलों के संपर्क से, सौरभ करे प्रसार ।।

निर्जल बादल गगन में, सभी दिशाएँ चार ।
जल निर्मल निष्पंक है, चंद्र किरण सुखकार ।।

3.23

दिवसकरमयूखैर्बोध्यमानं प्रभाते
वरयुवतिमुखाभं पङ्कजं जृम्भतेऽद्य ।
कुमुदमपि गतेऽस्तं लीयते चन्द्रबिम्बे
हसितमिव वधूनां प्रोषितेषु प्रियेषु ॥

न न म य य मालिनी छंद

दिवस	करम	यूखैर्बो	ध्यमानं	प्रभाते
। । ।	। । ।	ऽ ऽ ऽ	। ऽ ऽ	। ऽ ऽ
वरयु	वतिमु	खाभंप[1]	ङ्कजंजृ[1]	म्भतेऽद्य
। । ।	। । ।	ऽ ऽ ऽ	। ऽ ऽ	। ऽ । *
कुमुद	मपिग	तेऽस्तंली	यतेच[2]	न्द्रबिम्बे[2]
। । ।	। । ।	ऽ ऽ ऽ	। ऽ ऽ	। ऽ ऽ
हसित	मिवव	धूनांप्रो	षितेषु[3]	प्रियेषु
। । ।	। । ।	ऽ ऽ ऽ	। ऽ ऽ	। ऽ । *

* अंतिम 15 वीं लघु (।) मात्रा भी गुरु (ऽ) मानी गयी है.

पाद टिप्पणियाँ :

1. इस पद्य की द्वितीय पंक्ति में लघु अक्षर प के आगे संयुक्त अक्षर ङ्क आने से और लघु अक्षर जृ के आगे संयुक्त अक्षर म्भ आने से अक्षर प और जृ की लघु मात्राएँ दीर्घ सिद्ध हुई हैं.
2. इस छंद की तृतीय पंक्ति में लघु अक्षर च के आगे संयुक्त अक्षर न्द्र आने से और लघु अक्षर बि के आगे संयुक्त अक्षर म्ब आने से अक्षर च और बि की लघु

मात्राएँ दीर्घ सिद्ध हुई हैं.

3. इस मालिनी छंद की चौथी पंक्ति में लघु अक्षर षु के आगे संयुक्त अक्षर प्र आने से अक्षर षु की लघु मात्रा दीर्घ सिद्ध हुई है.

(और, हे प्रिये!)

दोहा॰ **प्रभात के रवि रश्मि से, मुकुलित हुआ सरोज ।**
विशाल कलिका कमल की, जैसे खिला उरोज ।।

चंद्रबिंब के अस्त पर, कैरव कलिका क्षीण ।
यथा विरह में रमणियाँ, होती उमंग हीन ।।

3.24

असितनयनलक्ष्मीं लक्षयित्वोत्पलेषु
क्वणितकनककाञ्चीं मत्तहंसस्वनेषु ।
अधररुचिरशोभां बन्धुजीवे प्रियाणां
पथिकजन इदानीं रोदिति भ्रान्तचित्ताः ॥

न न म य य मालिनी छंद

असित	नयन	लक्ष्मींल[1]	क्षयित्वो[1]	त्पलेषु
। । ।	। । ।	ऽ ऽ ऽ	। ऽ ऽ	। ऽ । *
क्वणित	कनक	काञ्चींम[2]	त्तहंस[2]	स्वनेषु
। । ।	। । ।	ऽ ऽ ऽ	। ऽ ऽ	। ऽ । *
अधर	रुचिर	शोभांब[3]	न्धुजीवे	प्रियाणाम्
। । ।	। । ।	ऽ ऽ ऽ	। ऽ ऽ	। ऽ ऽ
पथिक	जनइ	दानींरो	दितिभ्रा[4]	न्तचित्ताः[4]
। । ।	। । ।	ऽ ऽ ऽ	। ऽ ऽ	। ऽ ऽ

* अंतिम 15 वीं लघु (।) मात्रा भी गुरु (ऽ) मानी गयी है.

पाद टिप्पणियाँ :

1. इस मालिनी छंद की प्रथम पंक्ति में प्रथम लघु अक्षर ल के आगे संयुक्त अक्षर क्ष्म आने से, द्वितीय लघु अक्षर ल के आगे संयुक्त अक्षर क्ष आने से और लघु अक्षर यि के आगे संयुक्त अक्षर त्व आने से अक्षर दोनों अक्षर ल और अक्षर

यि की लघु मात्राएँ दीर्घ सिद्ध हुई हैं.

2. इस छंद की द्वितीय पंक्ति में लघु अक्षर म के आगे संयुक्त अक्षर त्त आने से और लघु अक्षर स के आगे संयुक्त अक्षर स्व आने से अक्षर म और स की लघु मात्राएँ दीर्घ सिद्ध हुई हैं.

3. इस पद्य की तृतीय पंक्ति में लघु अक्षर ब के आगे संयुक्त अक्षर न्ध आने से अक्षर ब की लघु मात्रा दीर्घ सिद्ध हुई है.

4. इस मालिनी छंद की चौथी पंक्ति में लघु अक्षर ति के आगे संयुक्त अक्षर भ्र आने से और लघु अक्षर चि के आगे संयुक्त अक्षर त्त आने से अक्षर ति और चि की लघु मात्राएँ दीर्घ सिद्ध हुई हैं.

(और, हे यक्षिणी!)

दोहा० **बिरहा मन को चैन दें, नीले नीरज नैन ।**
प्रमत्त हंसों का लगे, कलरव सुखकर बैन ।।

दुपहरिया के फूल में, दिखे प्रिया के होंठ ।
वियोग में घायल पिया, खाते दिल पर चोट ।।

3.25

स्त्रीणां निधाय वदनेषु शशाङ्कलक्ष्मीं काम्यं च हंसवचनं मणिनूपुरेषु ।
बन्धूककान्तिमधरेषु मनोहरेषु क्वापि प्रयाति सुभगा शरदागमश्रीः ॥

त भ ज ज ग ग वसंततिलका छंद

स्त्रीणांनि	धायव	दनेषु	शशाङ्क	लक्ष्मीम्[1]
ऽ ऽ ।	ऽ । ।	। ऽ ।	। ऽ ।	ऽ ऽ
काम्यंच	हंसव	चनंम	णिनूपु	रेषु *
ऽ ऽ ।	ऽ । ।	। ऽ ।	। ऽ ।	ऽ ऽ
बन्धूक[2]	कान्तिम	धरेषु	मनोह	रेषु
ऽ ऽ ।	ऽ । ।	। ऽ ।	। ऽ ।	ऽ ऽ
क्वापिप्र[3]	यातिसु	भगाश	रदाग	मश्रीः[3]
ऽ ऽ ।	ऽ । ।	। ऽ ।	। ऽ ।	ऽ ऽ

* अंतिम 14 वीं लघु (।) मात्रा भी गुरु (ऽ) मानी गयी है.

111

पाद टिप्पणियाँ :

1. इस वसंततिलका छंद की पहली पंक्ति में लघु अक्षर ल के आगे संयुक्त अक्षर क्ष्म आने से अक्षर ल की लघु मात्रा दीर्घ सिद्ध हुई है.
2. इस वसंततिलका छंद की तृतीय पंक्ति में लघु अक्षर ब के आगे संयुक्त अक्षर न्ध आने से अक्षर ब लघु मात्रा दीर्घ सिद्ध हुई है.
3. इस वसंततिलका छंद की चौथी पंक्ति में लघु अक्षर पि के आगे संयुक्त अक्षर प्र आने से और लघु अक्षर म के आगे संयुक्त अक्षर श्र आने से अक्षर पि और म की लघु मात्राएँ दीर्घ सिद्ध हुई हैं.

(हे यक्षिणी!)

दोहा॰

सुंदर शोभा शरद की, स्वल्प रही है शेष ।
निकट, प्रिये! हेमंत है, हलका शीत विशेष ।।

शशि की सुषमा, सखी! स्त्री के मुख पर छोड़ ।
हंसों का कलरव दिया, पायल में है जोड़ ।।

दुपहरिया के पुष्प की, छाटा अधर पर डाल ।
निवेद कर हेमंत को, चला शरत् का काल ।।

3.26

विकचकमलवक्त्रा फुल्लनीलोत्पलाक्षी
विकसितनवकाशश्वेतवासो वसाना ।
कुमुदरुचिरकांतिः कामिनीवोन्मदेयं
प्रतिदिशतु शरद्वश्चेतसः प्रीतिमग्र्याम् ॥

न न म य य मालिनी छंद

विकच	कमल	वक्त्राफु[1]	ल्लनीलो	त्पलाक्षी
। । ।	। । ।	ऽ ऽ ऽ	। ऽ ऽ	। ऽ ऽ
विकसि	तनव	काश्वे[2]	तवासो	वसाना
। । ।	। । ।	ऽ ऽ ऽ	। ऽ ऽ	। ऽ ऽ
कुमुद	रुचिर	कांतिःका	मिनीवो	न्मदेयम्

I I I	I I I	ऽ ऽ ऽ	I ऽ ऽ	I ऽ ऽ
प्रतिदि	शतुश	रद्वश्चे[3]	तसःप्री	तिमग्र्याम्[3]
I I I	I I I	ऽ ऽ ऽ	I ऽ ऽ	I ऽ ऽ

पाद टिप्पणियाँ :

1. इस मालिनी छंद की प्रथम पंक्ति में प्रथम लघु अक्षर व के आगे संयुक्त अक्षर क्त्र आने से और लघु अक्षर फु के आगे संयुक्त अक्षर ल्ल आने से अक्षर व और अक्षर फु की लघु मात्राएँ दीर्घ सिद्ध हुई हैं.
2. इस छंद की द्वितीय पंक्ति में लघु अक्षर श के आगे संयुक्त अक्षर श्व आने से अक्षर श की लघु मात्रा दीर्घ सिद्ध हुई है.
3. इस मालिनी छंद की चौथी पंक्ति में लघु अक्षर र के आगे संयुक्त अक्षर द्व आने से, लघु अक्षर द्व के आगे संयुक्त अक्षर श्च आने से और लघु अक्षर म के आगे संयुक्त अक्षर ग्र्य आने से अक्षर र, द्व और म की लघु मात्राएँ दीर्घ सिद्ध हुई हैं.

(अत:, हे यक्षिणी!)

दोहा॰ **कमललोचना शारदा, मुखकमला उल्लसित ।**
कुमुद समाना रूपिणी, शरद् बढ़ावे प्रीत ।।

॥ इति शरत् ॥

४
ऋतुसंहार चतुर्थ सर्ग
हेमंत ऋतु

(यक्ष उवाच)

॥ अथ हेमन्तः ॥

(हे यक्षिणी!)

4.1

नवप्रवालोद्गमसस्यरम्यः प्रफुल्ललोध्रः परिपक्वशालिः ।
विलीनपद्मः प्रपतत्तुषारो हेमन्तकालः समुपागतोऽयम् ॥

ज त ज ग ग उपेंद्रवज्रा छंद

नवप्र[1]	वालोद्ग	मसस्य[1]	रम्यः[1]
। ऽ ।	ऽ ऽ ।	। ऽ ।	ऽ ऽ
प्रफुल्ल[2]	लोध्रःप	रिपक्व[2]	शालिः
। ऽ ।	ऽ ऽ ।	। ऽ ।	ऽ ऽ
विलीन	पद्मःप्र[3]	पतत्तु[3]	षारो
। ऽ ।	ऽ ऽ ।	। ऽ ।	ऽ ऽ
हेमन्त[4]	कालःस	मुपाग	तोऽयम्
। ऽ ।	ऽ ऽ ।	। ऽ ।	ऽ ऽ

पाद टिप्पणियाँ :

1. इस उपेंद्रवज्रा छंद की प्रथम पंक्ति में लघु अक्षर व के आगे संयुक्त अक्षर प्र आने से, लघु अक्षर स के आगे संयुक्त अक्षर स्य आने से और लघु अक्षर र

के आगे संयुक्त अक्षर म्य आने से व, स और र की लघु मात्राएँ दीर्घ सिद्ध हुई हैं.

2. इस छंद की द्वितीय पंक्ति में लघु अक्षर फु के आगे संयुक्त अक्षर ल्ल आने से और लघु अक्षर प के आगे संयुक्त अक्षर क्व आने से अक्षर फु और प की लघु मात्राएँ दीर्घ सिद्ध हुई हैं.
3. इस पद्य की तृतीय पंक्ति में लघु अक्षर प के आगे संयुक्त अक्षर द्म आने से और लघु अक्षर त के आगे संयुक्त अक्षर त्त आने से अक्षर प और त की लघु मात्राएँ दीर्घ सिद्ध हुई हैं.
4. इस मालिनी छंद की चौथी पंक्ति में लघु अक्षर म के आगे संयुक्त अक्षर न्त आने से अक्षर म की लघु मात्रा दीर्घ सिद्ध हुई है.

दोहा० **आयी ऋतु हेमंत की, होकर शरद् व्यतीत ।**
मृदुल गुलाबी ठंड है, इस मौसम में शीत ।।

नूतन पल्लव हैं उगे, फूल खिले मनहार ।
सफेद–रक्तिम लोध्र हैं, जिन पर दिखे तुषार ।।

4.2

मनोहरैः कुङ्कुमरागपिङ्गैस्तुषारकुन्देन्दुनिभैश्च हारैः ।
विलासिनीनां स्तनशालिनीनां नालंक्रियन्ते स्तनमण्डलानि ॥

ज त ज ग ग उपेंद्रवज्रा छंद

मनोह	रैःकुङ्कु [1]	मराग	पिङ्गः [1]
। ऽ ।	ऽ ऽ ।	। ऽ ।	ऽ ऽ
स्तुषार	कुन्देन्दु [2]	निभैश्च	हारैः
। ऽ ।	ऽ ऽ ।	। ऽ ।	ऽ ऽ
विलासि	नीनांस्त	नशालि	नीनाम्
। ऽ ।	ऽ ऽ ।	। ऽ ।	ऽ ऽ
नालंक्रि	यन्तेस्त [3]	नमण्ड [3]	लानि
। ऽ ।	ऽ ऽ ।	। ऽ ।	ऽ । *

* अंतिम 14 वीं लघु (।) मात्रा भी गुरु (ऽ) मानी गयी है.

115

पाद टिप्पणियाँ :

1. इस उपेंद्रवज्रा छंद की प्रथम पंक्ति में लघु अक्षर कु के आगे संयुक्त अक्षर ङ्ग आने से लघु अक्षर पि के आगे संयुक्त अक्षर ङ्ग आने से अक्षर कु और पि की लघु मात्राएँ दीर्घ सिद्ध हुई हैं।

2. इस छंद की द्वितीय पंक्ति में लघु अक्षर कु के आगे संयुक्त अक्षर न्द आने से अक्षर कु की लघु मात्रा दीर्घ सिद्ध हुई है।

3. इस पद्य की तृतीय पंक्ति में लघु अक्षर य के आगे संयुक्त अक्षर न्त आने से और लघु अक्षर म के आगे संयुक्त अक्षर ण्ड आने से अक्षर य और म की लघु मात्राएँ दीर्घ सिद्ध हुई हैं।

(हे यक्षिणी!)

दोहा०   ऐसी मादक ठंड में, विशालस्तनी जवान ।

         करती माला कुन्द की, स्तन पर है परिधान ।।

4.3

न बाहुयुग्मेषु विलासिनीनां प्रयान्ति सङ्गं वलयाङ्गदानि ।

नितम्बबिम्बेषु नवं दुकूलं तन्वंशुकं पीनपयोधरेषु ॥

ज त ज ग ग उपेंद्रवज्रा छंद

नबाहु	युग्मेषु[1]	विलासि	नीनाम्
।S।	SS।	।S।	SS
प्रयान्ति	सङ्गंव[2]	लयाङ्ग	दानि
।S।	SS।	।S।	S।*
नितम्ब[3]	बिम्बेषु[3]	नवंदु	कूलम्
।S।	SS।	।S।	SS
तन्वंशु	कंपीन	पयोध	रेषु
।S।	SS।	।S।	S।*

* अंतिम 14 वीं लघु (।) मात्रा भी गुरु (S) मानी गयी है।

पाद टिप्पणियाँ :

1. इस उपेंद्रवज्रा छंद की प्रथम पंक्ति में लघु अक्षर यु के आगे संयुक्त अक्षर ग्म

आने से अक्षर यु की लघु मात्रा दीर्घ सिद्ध हुई है.

2. इस छंद की द्वितीय पंक्ति में लघु अक्षर स के आगे संयुक्त अक्षर ङ्ग आने से अक्षर स की लघु मात्रा दीर्घ सिद्ध हुई है.

3. इस पद्य की तृतीय पंक्ति में लघु अक्षर त के आगे संयुक्त अक्षर म्ब आने से और लघु अक्षर बि के आगे भी संयुक्त अक्षर म्ब आने से अक्षर त और बि की लघु मात्राएँ दीर्घ सिद्ध हुई हैं.

(हे यक्षिणी!)

दोहा० **जघनस्थान पर पहनती, युवती वस्त्र नवीन ।**
पीन स्तनों पर रेशमी, सुंदर वसन महीन ।।

भुजा पर नहीं पहनती, परियाँ बाजूबंद ।
शीत काल हेमंत का, देता है आनंद ।।

4.4

काञ्चीगुणैः काञ्चनरत्नचित्रैर्नो भूषयन्ति प्रमदा नितम्बान् ।
न नूपुरैर्हंसरुतं भजद्भिः पादाम्बुजान्यम्बुजकान्तिभाञ्जि ॥

ज त ज ग ग उपेंद्रवज्रा छंद

काञ्चीगु	णैःकाञ्च	नरत्न[1]	चित्रैः[1]
। ऽ ।	ऽ ऽ ।	। ऽ ।	ऽ ऽ
र्नोभूष	यन्तिप्र[2]	मदानि	तम्बान्[2]
। ऽ ।	ऽ ऽ ।	। ऽ ।	ऽ ऽ
ननूपु	रैर्हंस	रुतंभ	जद्भिः[3]
। ऽ ।	ऽ ऽ ।	। ऽ ।	ऽ ऽ
पादाम्बु	जान्यम्बु[4]	जकान्ति	भाञ्जि
। ऽ ।	ऽ ऽ	। ऽ ।	ऽ । *

* अंतिम 14 वीं लघु (।) मात्रा भी गुरु (ऽ) मानी गयी है.

पाद टिप्पणियाँ :

1. इस उपेंद्रवज्रा छंद की पहली पंक्ति में लघु अक्षर र के आगे संयुक्त अक्षर त्न आने से और लघु अक्षर चि के आगे संयुक्त अक्षर त्र आने से अक्षर र और चि

की लघु मात्राएँ दीर्घ सिद्ध हुई हैं.

2. इस छंद की द्वितीय पंक्ति में लघु अक्षर य के आगे संयुक्त अक्षर न्ति आने से, लघु अक्षर न्ति के आगे संयुक्त अक्षर प्र आने से और लघु अक्षर त के आगे संयुक्त अक्षर म्ब आने से अक्षर य, न्ति और त की लघु मात्राएँ दीर्घ सिद्ध हुई हैं.
3. इस पद्य की तृतीय पंक्ति में लघु अक्षर ज के आगे संयुक्त अक्षर द्ध आने से अक्षर ज की लघु मात्रा दीर्घ सिद्ध हुई है.
4. इस उपेंद्रवज्रा छंद की चौथी पंक्ति में लघु अक्षर न्य के आगे संयुक्त अक्षर म्ब आने से अक्षर न्य की लघु मात्रा दीर्घ सिद्ध हुई है.

(हे यक्षिणी!)

दोहा॰ **प्रमदाएँ करती नहीं, नितंब-कटि के स्थान ।**
मणि मालाएँ रत्न कीं, स्वर्ण युक्त परिधान ।।

पग पर पायल भी नहीं, जिन पर मोर निशान ।
जिनमें ध्वनि है हंस की, कलरव शब्द समान ।।

4.5

गात्राणि कालीयकचर्चितानि सपत्रलेखानि मुखाम्बुजानि ।
शिरांसि कालागरुभूषितानि कुर्वन्ति नार्यः सुरतोत्सवाय ॥

ज त ज ग ग उपेंद्रवज्रा छंद

गात्राणि	कालीय	कचर्चि[1]	तानि
। ऽ ।	ऽ ऽ ।	। ऽ ।	ऽ । *
सपत्र[2]	लेखानि	मुखाम्बु	जानि
। ऽ ।	ऽ ऽ ।	। ऽ ।	ऽ । *
शिरांसि	कालाग	रुभूषि	तानि
। ऽ ।	ऽ ऽ ।	। ऽ ।	ऽ । *
कुर्वन्ति[3]	नार्यःसु	रतोत्स	वाय
। ऽ ।	ऽ ऽ ।	। ऽ ।	ऽ । *

* अंतिम 14 वीं लघु (।) मात्रा भी गुरु (ऽ) मानी गयी है.

118
कालिदास के ऋतुसंहार की छंद मीमांसा

पाद टिप्पणियाँ :

1. इस उपेंद्रवज्रा छंद की पहली पंक्ति में लघु अक्षर च के आगे संयुक्त अक्षर र्च आने से अक्षर च की लघु मात्रा दीर्घ सिद्ध हुई है.
2. इस छंद की द्वितीय पंक्ति में लघु अक्षर प के आगे संयुक्त अक्षर त्र आने से अक्षर प की लघु मात्रा दीर्घ सिद्ध हुई है.
3. इस उपेंद्रवज्रा छंद की चौथी पंक्ति में लघु अक्षर र्व के आगे संयुक्त अक्षर न्त आने से अक्षर र्व की लघु मात्रा दीर्घ सिद्ध हुई है.

(और, हे यक्षिणी!)

दोहा॰ रति क्रीड़ा में यक्षिणी, लगाय काला भस्म ।
कुन्तल काले-अगर से, करती पूरण रस्म ।।

4.6

रतिश्रमक्षामविपाण्डुवक्त्राः सम्प्राप्तहर्षाभ्युदयस्तरुण्यः ।
हसन्ति नोच्चैर्दशनाग्रभिन्नान्प्रपीड्यमानानधरानवेक्ष्य ॥

ज त ज ग ग उपेंद्रवज्रा छंद

रतिश्र[1]	मक्षाम[1]	विपाण्डु	वक्त्राः[1]
। ऽ ।	ऽ ऽ ।	। ऽ ।	ऽ ऽ
सम्प्राप्त	हर्षाभ्यु[2]	दयस्त[2]	रुण्यः[2]
। ऽ ।	ऽ ऽ ।	। ऽ ।	ऽ ऽ
हसन्ति[3]	नोच्चैर्द	शनाग्र	भिन्नान्[3]
। ऽ ।	ऽ ऽ ।	। ऽ ।	ऽ ऽ
प्रपीड्य	मानान	धरान	वेक्ष्य
। ऽ ।	ऽ ऽ ।	। ऽ ।	ऽ । *

* अंतिम 14 वीं लघु (।) मात्रा भी गुरु (ऽ) मानी गयी है.

पाद टिप्पणियाँ :

1. इस उपेंद्रवज्रा छंद की पहली पंक्ति में लघु अक्षर ति के आगे संयुक्त अक्षर श्र आने से, लघु अक्षर म के आगे संयुक्त अक्षर क्ष आने से और लघु अक्षर व के आगे संयुक्त अक्षर क्त्र आने से अक्षर ति, म और व की लघु मात्राएँ दीर्घ सिद्ध

हुई हैं.

2. इस छंद की द्वितीय पंक्ति में लघु अक्षर ह के आगे संयुक्त अक्षर र्ष आने से, लघु अक्षर य के आगे संयुक्त अक्षर स्त आने से और लघु अक्षर रु के आगे संयुक्त अक्षर ण्य आने से अक्षर ह, य और रु की लघु मात्राएँ दीर्घ सिद्ध हुई हैं.
3. इस पद्य की तृतीय पंक्ति में लघु अक्षर स के आगे संयुक्त अक्षर न्त आने से और लघु अक्षर भि के आगे संयुक्त अक्षर न्न आने से अक्षर स और भि की लघु मात्राएँ दीर्घ सिद्ध हुई हैं.

(हे यक्षिणी!)

दोहा॰ **वियोग में जो है पड़ी, तरुण यक्षिणी नार ।**
वंचित वह संभोग से, उदासिनी वह दार ।।

हर्ष काल में भी कभी, हँस ना पाती जोर ।
खिन्नमुखी वह भामिनी, लब को रखती जोड़ ।।

4.7

पीनस्तनोरुस्थलभागशोभामासाद्य तत्पीडनजातखेदः ।
तृणाग्रलग्नैस्तुहिनैः पतद्भिराक्रन्दतीवोषसि शीतकालः ॥

ज त ज ग ग उपेंद्रवज्रा छंद

पीनस्त[1]	नोरुस्थ[1]	लभाग	शोभाम्
। ऽ ।	ऽ ऽ ।	। ऽ ।	ऽ ऽ
आसाद्य	तत्पीड[2]	नजात	खेदः
। ऽ ।	ऽ ऽ ।	। ऽ ।	ऽ ऽ
तृणाग्र	लग्नैस्तु[3]	हिनैःप	तद्भिः[3]
। ऽ ।	ऽ ऽ ।	। ऽ ।	ऽ ऽ
आक्रन्द[4]	तीवोष	सिशीत	कालः
। ऽ ।	ऽ ऽ ।	। ऽ ।	ऽ ऽ

पाद टिप्पणियाँ :

1. इस उपेंद्रवज्रा छंद की पहली पंक्ति में लघु अक्षर न के आगे संयुक्त अक्षर स्त आने से और लघु अक्षर रु के आगे संयुक्त अक्षर स्थ आने से अक्षर न और रु की लघु मात्राएँ दीर्घ सिद्ध हुई हैं.
2. इस छंद की द्वितीय पंक्ति में लघु अक्षर त के आगे संयुक्त अक्षर त्प आने से अक्षर त की लघु मात्रा दीर्घ सिद्ध हुई है.
3. इस पद्य की तृतीय पंक्ति में लघु अक्षर ल के आगे संयुक्त अक्षर ग्न आने से और लघु अक्षर त के आगे संयुक्त अक्षर द्ध आने से अक्षर ल और त की लघु मात्राएँ दीर्घ सिद्ध हुई हैं.
4. इस उपेंद्रवज्रा छंद की चौथी पंक्ति में लघु अक्षर क्र के आगे संयुक्त अक्षर न्द आने से अक्षर क्र की लघु मात्रा दीर्घ सिद्ध हुई है.

(हे यक्षिणी!)

दोहा॰ **पीन स्तनों के वक्ष की, युवा कामिनी नार ।**
छाती की शोभा लखे, करती क्लेश विचार ।।

वियोगिनी को बिन पिया, मिले न पति का प्यार ।
निहार कर हेमंत ये, होता दुःख अपार ।।

4.8

प्रभूतशालिप्रसवैश्चितानि मृगाङ्गनायूथविभूषितानि ।
मनोहरक्रौञ्चनिनादितानि सीमान्तराण्युत्सुकयन्ति चेतः ॥

ज त ज ग ग उपेंद्रवज्रा छंद

प्रभूत	शालिप्र[1]	सवैश्चि	तानि
। ऽ ।	ऽ ऽ ।	। ऽ ।	ऽ । *
मृगाङ्ग	नायूथ	विभूषि	तानि
। ऽ ।	ऽ ऽ ।	। ऽ ।	ऽ । *
मनोह	रक्रौञ्च[2]	निनादि	तानि
। ऽ ।	ऽ ऽ ।	। ऽ ।	ऽ । *
सीमान्त	राण्युत्सु[3]	कयन्ति[3]	चेतः
। ऽ ।	ऽ ऽ ।	। ऽ ।	ऽ ऽ

* अंतिम 14 वीं लघु (।) मात्रा भी गुरु (ऽ) मानी गयी है.

पाद टिप्पणियाँ :

1. इस उपेंद्रवज्रा छंद की पहली पंक्ति में लघु अक्षर लि के आगे संयुक्त अक्षर प्र आने से अक्षर लि की लघु मात्रा दीर्घ सिद्ध हुई है.
2. इस छंद की तीसरी पंक्ति में लघु अक्षर र के आगे संयुक्त अक्षर क्र आने से अक्षर र की लघु मात्रा दीर्घ सिद्ध हुई है.
3. इस पद्य की चौथी पंक्ति में लघु अक्षर ण्यु के आगे संयुक्त अक्षर त्स आने से और लघु अक्षर य के आगे संयुक्त अक्षर न्त आने से अक्षर ण्यु और य की लघु मात्राएँ दीर्घ सिद्ध हुई हैं.

(हे यक्षिणी!)

दोहा॰ धान बालियों से भरा, मृग विभूषित प्रदेश ।
हेमंत काल में हरा, पुलकित है यह देश ।।

क्रौंच खगों की ध्वनि यहाँ, चित्त ले रही जीत ।
ऋतु शीतल हेमंत की, लगा रही है प्रीत ।।

4.9

प्रफुल्लनीलोत्पलशोभितानि सोन्मादकादम्बविभूषितानि ।
प्रसन्नतोयानि सुशीतलानि सरांसि चेतांसि हरन्ति पुंसाम् ॥

ज त ज ग ग उपेंद्रवज्रा छंद

प्रफुल्ल[1]	नीलोत्प	लशोभि	तानि
। ऽ ।	ऽ ऽ ।	। ऽ ।	ऽ । *
सोन्माद	कादम्ब[2]	विभूषि	तानि
। ऽ ।	ऽ ऽ ।	। ऽ ।	ऽ । *
प्रसन्न[3]	तोयानि	सुशीत	लानि
। ऽ ।	ऽ ऽ ।	। ऽ ।	ऽ । *
सरांसि	चेतांसि	हरन्ति[4]	पुंसाम्
। ऽ ।	ऽ ऽ ।	। ऽ ।	ऽ ऽ

* अंतिम 14 वीं लघु (।) मात्रा भी गुरु (ऽ) मानी गयी है.

पाद टिप्पणियाँ :

1. इस उपेंद्रवज्रा छंद की पहली पंक्ति में लघु अक्षर फु के आगे संयुक्त अक्षर ल्ल आने से अक्षर फु की लघु मात्रा दीर्घ सिद्ध हुई है.
2. इस छंद की द्वितीय पंक्ति में लघु अक्षर द के आगे संयुक्त अक्षर म्ब आने से अक्षर द की लघु मात्रा दीर्घ सिद्ध हुई है.
3. इस पद्य की तृतीय पंक्ति में लघु अक्षर स के आगे संयुक्त अक्षर न्न आने से अक्षर स की लघु मात्रा दीर्घ सिद्ध हुई है.
4. इस उपेंद्रवज्रा छंद की चौथी पंक्ति में लघु अक्षर र के आगे संयुक्त अक्षर न्त आने से अक्षर र की लघु मात्रा दीर्घ सिद्ध हुई है.

(और, हे यक्षिणी!)

दोहा॰ **मुकुलित नीले पद्म के, शीतल रम्य तड़ाग ।**
कलरव ध्वनि कलहंस की, निर्मल कमल पराग ।।

सुंदर ऋतु हेमंत में, लेते चित्त लुभाय ।
पुलकित होते युवक हैं, और युवा समुदाय ।।

4.10

पाकं व्रजन्ती हिमपातशीतैराधूयमाना सततं मरुद्भिः ।
प्रिये प्रियङ्गुः प्रियविप्रयुक्ता विपाण्डुतां याति विलासिनीव ॥

ज त ज ग ग उपेंद्रवज्र छंद

पाकंव्र	जन्तीहि[1]	मपात	शीतैः
। ऽ ।	ऽ ऽ ।	। ऽ ।	ऽ ऽ
आधूय	मानास	ततंम	रुद्भिः[2]
। ऽ ।	ऽ ऽ ।	। ऽ ।	ऽ ऽ
प्रियेप्रि	यङ्गुःप्रि[3]	यविप्र[3]	युक्ता[3]
। ऽ ।	ऽ ऽ ।	। ऽ ।	ऽ ऽ
विपाण्डु	तांयाति	विलासि	नीव
। ऽ ।	ऽ ऽ ।	। ऽ ।	ऽ । *

* अंतिम 14 वीं लघु (।) मात्रा भी गुरु (ऽ) मानी गयी है.

पाद टिप्पणियाँ :

1. इस उपेंद्रवज्रा छंद की पहली पंक्ति में लघु अक्षर ज के आगे संयुक्त अक्षर न्त आने से अक्षर ज की लघु मात्रा दीर्घ सिद्ध हुई है.
2. इस छंद की द्वितीय पंक्ति में लघु अक्षर रु के आगे संयुक्त अक्षर द्ध आने से अक्षर रु की लघु मात्रा दीर्घ सिद्ध हुई है.
3. इस पद्य की तृतीय पंक्ति में लघु अक्षर य के आगे संयुक्त अक्षर ङ्ग आने से लघु अक्षर वि के आगे संयुक्त अक्षर प्र आने से और लघु अक्षर यु के आगे संयुक्त अक्षर क्त आने से अक्षर य, वि और यु की लघु मात्राएँ दीर्घ सिद्ध हुई हैं.

(हे यक्षिणी!)

दोहा॰ **तुषार कण हेमंत के, शीतल बरफ समान ।**
अविरत झोंके पवन के, करे कम्पायमान ।।

प्रियंगु बेली थी हरी, पायी पांडुर रंग ।
जैसी अबला विरह में, खो कर सकल उमंग ।।

4.11

पुष्पासवामोदसुगन्धिवक्त्रो निःश्वासवातैः सुरभीकृताङ्गः ।
परस्पराङ्गव्यतिषाङ्गशायी शेते जनः कामशरानुविद्धः ॥

ज त ज ग ग उपेंद्रवज्रा छंद

पुष्पास	वामोद	सुगन्धि[1]	वक्त्रः[1]
। ऽ ।	ऽ ऽ ।	। ऽ ।	ऽ ऽ
निःश्वास	वातैःसु	रभीकृ	ताङ्गः
। ऽ ।	ऽ ऽ ।	। ऽ ।	ऽ ऽ
परस्प[2]	राङ्गव्य[2]	तिषाङ्ग	शायी
। ऽ ।	ऽ ऽ ।	। ऽ ।	ऽ ऽ
शेतेज	नःकाम	शरानु	विद्धः[3]
। ऽ ।	ऽ ऽ ।	। ऽ ।	ऽ ऽ

पाद टिप्पणियाँ :

1. इस उपेंद्रवज्रा छंद की पहली पंक्ति में लघु अक्षर ग के आगे संयुक्त अक्षर न्ध आने से और लघु अक्षर व के आगे संयुक्त अक्षर क्त्र आने से अक्षर ग और व की लघु मात्राएँ दीर्घ सिद्ध हुई हैं.
2. इस पद्य की तृतीय पंक्ति में लघु अक्षर र के आगे संयुक्त अक्षर स्प आने से और लघु अक्षर ङ्ग के आगे संयुक्त अक्षर व्य आने से अक्षर र और ङ्ग की लघु मात्राएँ दीर्घ सिद्ध हुई हैं.
3. इस उपेंद्रवज्रा छंद की चौथी पंक्ति में लघु अक्षर वि के आगे संयुक्त अक्षर द्ध आने से अक्षर वि की लघु मात्रा दीर्घ सिद्ध हुई है.

(हे यक्षिणी!)

दोहा॰ **सुगंध पा कर पुष्प का, जिसका पुलकित देह ।**
मृदुल पवन के स्पर्श से, पा कर मन में स्नेह ।।

कामबाण से विद्ध जो, कामी वियोगवान ।
मधुर मिलन के स्वप्न में, खोया है यजमान ।।

4.12

दन्तच्छदैर्दन्तविघ तचिह्नैः स्तनैश्च पाण्यग्रकृताभिलेखैः ।
संसूच्यते निर्दयमङ्गनानां रतोपभोगो नवयौवनानाम् ॥

ज त ज ग ग उपेंद्रवज्रा छंद

दन्तच्छ[1]	दैर्दन्त	विघात	चिह्नैः[1]
। ऽ ।	ऽ ऽ ।	। ऽ ।	ऽ ऽ
स्तनैश्च	पाण्यग्र[2]	कृताभि	लेखैः
। ऽ ।	ऽ ऽ ।	। ऽ ।	ऽ ऽ
संसूच्य	तेनिर्द[3]	यमङ्ग[3]	नानाम्
। ऽ ।	ऽ ऽ ।	। ऽ ।	ऽ ऽ
रतोप	भोगोन	वयौव	नानाम्
। ऽ ।	ऽ ऽ ।	। ऽ ।	ऽ ऽ

पाद टिप्पणियाँ :

1. इस उपेंद्रवज्रा छंद की पहली पंक्ति में लघु अक्षर न्त के आगे संयुक्त अक्षर च्छ आने से और लघु अक्षर चि के आगे संयुक्त अक्षर द्व आने से अक्षर न्त और चि की लघु मात्राएँ दीर्घ सिद्ध हुई हैं.
2. इस पद्य की दूसरी पंक्ति में लघु अक्षर ण्य के आगे संयुक्त अक्षर ग्र आने से अक्षर ण्य की लघु मात्रा दीर्घ सिद्ध हुई है.
3. इस उपेंद्रवज्रा छंद की तीसरी पंक्ति में लघु अक्षर नि के आगे संयुक्त अक्षर र्द आने से और लघु अक्षर म के आगे संयुक्त अक्षर ङ्ग आने से अक्षर नि और म की लघु मात्राएँ दीर्घ सिद्ध हुई हैं.

(हे यक्षिणी!)

दोहा॰ **नव-युवती के हृदय के, रति-विलास का ज्ञान ।**
जाना जाता, हे प्रिये! निहार वक्ष निशान ।।

स्तन पर अंकन दंत के, नाखूनों के छाप ।
पति के निर्दय भोग का, बन जाते हैं नाप ।।

4.13

काचिद्विभूषयति दर्पणयुक्तहस्ता बालातपेषु वनिता वदनारविन्दम् ।
दन्तच्छदं प्रियतमेन निपीतसारं दन्ताग्रभिन्नमपकृष्य निरीक्षते च ॥

त भ ज ज ग ग वसंततिलका छंद

काचिद्वि[1]	भूषय	तिदर्प[1]	णयुक्त[1]	हस्ता[1]
ऽ ऽ ।	ऽ । ।	। ऽ ।	। ऽ ।	ऽ ऽ
बालात	पेषुव	निताव	दनार	विन्दम्[2]
ऽ ऽ ।	ऽ । ।	। ऽ ।	। ऽ ।	ऽ ऽ
दन्तच्छ[3]	दंप्रिय	तमेन	निपीत	सारम्
ऽ ऽ ।	ऽ । ।	। ऽ ।	। ऽ ।	ऽ ऽ
दन्ताग्र[4]	भिन्नम[4]	पकृष्य[4]	निरीक्ष	तेच
ऽ ऽ ।	ऽ । ।	। ऽ ।	। ऽ ।	ऽ । *

* अंतिम 14 वीं लघु (।) मात्रा भी गुरु (ऽ) मानी गयी है.

पाद टिप्पणियाँ :

1. इस उपेंद्रवज्रा छंद की पहली पंक्ति में लघु अक्षर चि के आगे संयुक्त अक्षर द्व आने से, लघु अक्षर द के आगे संयुक्त अक्षर र्प आने से, लघु अक्षर यु के आगे संयुक्त अक्षर क्त आने से और लघु अक्षर ह के आगे संयुक्त अक्षर स्त आने से अक्षर चि, द, यु और ह की लघु मात्राएँ दीर्घ सिद्ध हुई हैं.
2. इस छंद की द्वितीय पंक्ति में लघु अक्षर वि के आगे संयुक्त अक्षर न्द आने से अक्षर वि की लघु मात्रा दीर्घ सिद्ध हुई है.
3. इस पद्य की तृतीय पंक्ति में लघु अक्षर द के आगे संयुक्त अक्षर न्त आने से और लघु अक्षर न्त के आगे संयुक्त अक्षर च्छ आने से अक्षर द और न्त की लघु मात्राएँ दीर्घ सिद्ध हुई हैं.
4. इस उपेंद्रवज्रा छंद की चौथी पंक्ति में लघु अक्षर द के आगे संयुक्त अक्षर न्त आने से, लघु अक्षर भि के आगे संयुक्त अक्षर न्न आने से और लघु अक्षर कृ के आगे संयुक्त अक्षर ष्य आने से अक्षर द, भि और कृ की लघु मात्राएँ दीर्घ सिद्ध हुई हैं.

(हे यक्षिणी!)

दोहा॰ **कोई बाला कामिनी, लेकर दर्पण हाथ ।**
करती जाँच प्रभात में, बड़ी चाह के साथ ।।

प्रियतम द्वारा दाँत के, कितने पड़े निशान ।
रस पी कर पति-होठ के, क्षत चिन्ह विधान ।।

4.14

अन्या प्रकामसुरतश्रमखिन्नदेहा रात्रिप्रजागरविपाटलनेत्रपद्मा ।
स्रस्तांसदेश लुलिताकुलकेशपाशा निद्रां प्रयाति मृदुसूर्यकराभितप्ता ॥

त भ ज ज ग ग वसंततिलका छंद

अन्याप्र[1]	कामसु	रतश्र[1]	मखिन्न[1]	देहा
ऽ ऽ ।	ऽ । ।	। ऽ ।	। ऽ ।	ऽ ऽ
रात्रिप्र[2]	जागर	विपाट	लनेत्र	पद्मा[2]
ऽ ऽ ।	ऽ । ।	। ऽ ।	। ऽ ।	ऽ ऽ

स्रस्तांस[3]	देशलु	लिताकु	लकेश	पाशा
ऽ ऽ ।	ऽ । ।	। ऽ ।	। ऽ ।	ऽ ऽ
निद्रांप्र[4]	यातिमृ	दुसूर्य	कराभि	तप्ता[4]
ऽ ऽ ।	ऽ । ।	। ऽ ।	। ऽ ।	ऽ ऽ

पाद टिप्पणियाँ :

1. इस वसंततिलका छंद की पहली पंक्ति में लघु अक्षर अ के आगे संयुक्त अक्षर न्य आने से, लघु अक्षर त के आगे संयुक्त अक्षर श्र आने से और लघु अक्षर खि के आगे संयुक्त अक्षर न्न आने से अक्षर अ, त और खि की लघु मात्राएँ दीर्घ सिद्ध हुई हैं.
2. इस छंद की द्वितीय पंक्ति में लघु अक्षर त्रि के आगे संयुक्त अक्षर प्र आने से और लघु अक्षर प के आगे संयुक्त अक्षर द्म आने से अक्षर त्रि और प की लघु मात्राएँ दीर्घ सिद्ध हुई हैं.
3. इस पद्य की तृतीय पंक्ति में लघु अक्षर स्र के आगे संयुक्त अक्षर स्त आने से अक्षर स की लघु मात्रा दीर्घ सिद्ध हुई है.
4. इस वसंततिलका छंद की चौथी पंक्ति में लघु अक्षर नि के आगे संयुक्त अक्षर द्र आने से और लघु अक्षर त के आगे संयुक्त अक्षर प्त आने से अक्षर नि और त की लघु मात्राएँ दीर्घ सिद्ध हुई हैं.

(हे यक्षिणी!)

दोहा॰ **कोई रमणी है थकी, रति के श्रम के साथ ।**
शिथिल पड़ी वह कामिनी, निर्बल उसके हाथ; ।।

रात सकल वह जाग कर, नेत्र कमल हैं लाल ।
कन्धों पर लटके हुए, बिखरे उसके बाल ।।

प्रभात में वह सो रही, रमणी रति संतुष्ट ।
सूर्य किरण हेमंत के, करते उसको हृष्ट ।।

4.15

निर्माल्यदाम परिभुक्तमनोज्ञगन्धं मूर्ध्नोऽपनीय घननीलशिरोरुहान्ताः ।

पीनोन्नतस्तनभरानतगात्रयष्ट्यः कुर्वन्ति केशरचनामपरास्तरुण्यः ॥

त भ ज ज ग ग वसंततिलका छंद

निर्माल्य[1]	दामप	रिभुक्त[1]	मनोज्ञ	गन्धम्[1]
ऽ ऽ ।	ऽ । ।	। ऽ ।	। ऽ ।	ऽ ऽ
मूर्ध्नोऽप	नीयघ	ननील	शिरोरु	हान्ताः
ऽ ऽ ।	ऽ । ।	। ऽ ।	। ऽ ।	ऽ ऽ
पीनोन्न	तस्तन[2]	भरान	तगात्र	यष्ट्यः[2]
ऽ ऽ ।	ऽ । ।	। ऽ ।	। ऽ ।	ऽ ऽ
कुर्वन्ति[3]	केशर	चनाम	परास्त	रुण्यः[3]
ऽ ऽ ।	ऽ । ।	। ऽ ।	। ऽ ।	ऽ ऽ

पाद टिप्पणियाँ :

1. इस वसंततिलका छंद की पहली पंक्ति में लघु अक्षर नि के आगे संयुक्त अक्षर र्म आने से, लघु अक्षर भु के आगे संयुक्त अक्षर क्त आने से और लघु अक्षर ग के आगे संयुक्त अक्षर न्ध आने से अक्षर नि, भु और ग की लघु मात्राएँ दीर्घ सिद्ध हुई हैं.
2. इस छंद की तृतीय पंक्ति में लघु अक्षर त के आगे संयुक्त अक्षर स्त आने से और लघु अक्षर य के आगे संयुक्त अक्षर ष्ट्य आने से अक्षर त और य की लघु मात्राएँ दीर्घ सिद्ध हुई हैं.
3. इस वसंततिलका छंद की चौथी पंक्ति में लघु अक्षर कु के आगे संयुक्त अक्षर र्व आने से, लघु अक्षर र्व के आगे संयुक्त अक्षर न्त आने से और लघु अक्षर रु के आगे संयुक्त अक्षर ण्य आने से अक्षर कु, र्व और रु की लघु मात्राएँ दीर्घ सिद्ध हुई हैं.

(और, हे यक्षिणी!)

दोहा॰ **तरुणी सुंदर कामिनी, जिसके काले बाल ।**
घुँघराले लंबे घने; अरु हैं वक्ष विशाल ।।

उन्नत स्तन से वक्ष जो, नम्न हुए हैं काँत ।
उच्च स्तनी वह कामिनी, रति सुख से है शाँत ।।

मुरझाए हैं पुष्प जो, और हुए निर्गंध ।
उतार माला शीर्ष से, केश लिए हैं बाँध ।।

4.16

अन्या प्रियेण परिभुक्तमवेक्ष्य गात्रं हर्षान्विता विरचिताधररागशोभा ।
कुर्पासकं परिदधाति नखक्षताङ्गी व्यालम्बिनीललुलितालककुञ्चिताक्षी ॥

त भ ज ज ग ग वसंततिलका छंद

अन्याप्रि[1]	येणप	रिभुक्त[1]	मवेक्ष्य	गात्रम्
ऽ ऽ ।	ऽ । ।	। ऽ ।	। ऽ ।	ऽ ऽ
हर्षान्वि[2]	ताविर	चिताध	रराग	शोभा
ऽ ऽ ।	ऽ । ।	। ऽ ।	। ऽ ।	ऽ ऽ
कुर्पास[3]	कंपरि	दधाति	नखक्ष[3]	ताङ्गी
ऽ ऽ ।	ऽ । ।	। ऽ ।	। ऽ ।	ऽ ऽ
व्यालम्बि[4]	नीललु	लिताल	ककुञ्चि[4]	ताक्षी
ऽ ऽ ।	ऽ । ।	। ऽ ।	। ऽ ।	ऽ ऽ

पाद टिप्पणियाँ :

1. इस वसंततिलका छंद की पहली पंक्ति में लघु अक्षर अ के आगे संयुक्त अक्षर न्य आने से और लघु अक्षर भु के आगे संयुक्त अक्षर क्त आने से अक्षर अ और भु की लघु मात्राएँ दीर्घ सिद्ध हुई हैं.
2. इस पद्य की दूसरी पंक्ति में लघु अक्षर ह के आगे संयुक्त अक्षर र्ष आने से अक्षर ह की लघु मात्रा दीर्घ सिद्ध हुई है.
3. इस छंद की तृतीय पंक्ति में लघु अक्षर कु के आगे संयुक्त अक्षर र्प आने से और लघु अक्षर ख के आगे संयुक्त अक्षर क्ष आने से अक्षर कु और ख की लघु मात्राएँ दीर्घ सिद्ध हुई हैं.
4. इस वसंततिलका छंद की चौथी पंक्ति में लघु अक्षर ल के आगे संयुक्त अक्षर म्ब आने से और लघु अक्षर कु के आगे संयुक्त अक्षर ञ्च आने से अक्षर ल और कु की लघु मात्राएँ दीर्घ सिद्ध हुई हैं.

(हे यक्षिणी!)

दोहा॰ **रति सुख से उपभुक्त है, नंदित जिसका देह ।**
पहन रही है चोलिया, करके तन से स्नेह ।।

सँवर कर नखक्षतांगिनी, सुंदर कर अलकाव ।
तिर्यक नजर कटाक्षिणी, रतिसुख करत प्रभाव ।।

4.17

अन्याश्चिरं सुरतकेलिपरिश्रमेण खेदं गताः प्रशिथिलीकृतगात्रयष्ट्यः ।
संहृष्यमाणपुलकोरुपयोधरान्ताऽभ्यञ्जनं विदधति प्रमदाः सुशोभाः ॥

त भ ज ज ग ग वसंततिलका छंद

अन्याश्चि[1]	रंसुर	तकेलि	परिश्र[1]	मेण
ऽ ऽ ।	ऽ । ।	। ऽ ।	। ऽ ।	ऽ । *
खेदंग	ताःप्रशि	थिलीकृ	तगात्र	यष्ट्यः[2]
ऽ ऽ ।	ऽ । ।	। ऽ ।	। ऽ ।	ऽ ऽ
संहृष्य[3]	माणपु	लकोरु	पयोध	रान्ता
ऽ ऽ ।	ऽ । ।	। ऽ ।	। ऽ ।	ऽ ऽ
अभ्यञ्ज[4]	नंविद	धतिप्र[4]	मदाःसु	शोभाः
ऽ ऽ ।	ऽ । ।	। ऽ ।	। ऽ ।	ऽ ऽ

* अंतिम 14 वीं लघु (।) मात्रा भी गुरु (ऽ) मानी गयी है.

पाद टिप्पणियाँ :

1. इस वसंततिलका छंद की पहली पंक्ति में लघु अक्षर अ के आगे संयुक्त अक्षर न्य आने से और लघु अक्षर रि के आगे संयुक्त अक्षर श्र आने से अक्षर अ और रि की लघु मात्राएँ दीर्घ सिद्ध हुई हैं.
2. इस पद्य की दूसरी पंक्ति में लघु अक्षर य के आगे संयुक्त अक्षर ष्ट्य आने से अक्षर य की लघु मात्रा दीर्घ सिद्ध हुई है.
3. इस छंद की तृतीय पंक्ति में लघु अक्षर हृ के आगे संयुक्त अक्षर ष्य आने से अक्षर हृ की लघु मात्रा दीर्घ सिद्ध हुई है.
4. इस वसंततिलका छंद की चौथी पंक्ति में लघु अक्षर अ के आगे संयुक्त अक्षर भ्य आने से, लघु अक्षर भ्य के आगे संयुक्त अक्षर ञ्ज आने से और लघु अक्षर

ति के आगे संयुक्त अक्षर प्र आने से अक्षर अ, भ्य और ति की लघु मात्राएँ दीर्घ सिद्ध हुई हैं।

(हे यक्षिणी!)

दोहा०　उन्नत उरजों में क्षति, मृदु सहलाए केश ।
　　　　अति रति क्रीड़ा से थकी, पुष्ट जाँघ में क्लेश ।।

　　　　सुंदर बाला रमणियाँ, अंग मल रही तेल ।
　　　　जिसमें इत्र-पराग के, सुगंध का है मेल ।।

　　　　इस भाँति हेमंत का, समीप है अब अंत ।
　　　　संगम शीतल शिशिर से, साध रहा हेमंत ।।

4.18

बहुगुणरमणीयो योषितां चित्तहारी
परिणतबहुशालिव्याकुलग्रामसीमा ।
सततमतिमनोज्ञः क्रौञ्चनादोपगीतः
प्रदिशतु हिमयुक्तः काल एषः सुखस्य ॥

न न म य य मालिनी छंद

बहुगु	णरम	णीयोयो	षितांचि[1]	त्तहारी
। । ।	। । ।	ऽ ऽ ऽ	। ऽ ऽ	। ऽ ऽ
परिण	तबहु	शालिव्या[2]	कुलग्रा[2]	मसीमा
। । ।	। । ।	ऽ ऽ ऽ	। ऽ ऽ	। ऽ ऽ
सतत	मतिम	नोज्ञःक्रौ	ञ्चनादो	पगीतः
। । ।	। । ।	ऽ ऽ ऽ	। ऽ ऽ	। ऽ ऽ
प्रदिश	तुहिम	युक्तःका[3]	लएषः	सुखस्य[3]
। । ।	। । ।	ऽ ऽ ऽ	। ऽ ऽ	। ऽ । *

* अंतिम 15 वीं लघु (।) मात्रा भी गुरु (ऽ) मानी गयी है।

पाद टिप्पणियाँ :

1. इस मालिनी छंद की पहली पंक्ति में लघु अक्षर चि के आगे संयुक्त अक्षर त्त

आने से अक्षर चि की लघु मात्रा दीर्घ सिद्ध हुई है.

2. इस पद्य की दूसरी पंक्ति में लघु अक्षर लि के आगे संयुक्त अक्षर व्य आने से और लघु अक्षर ल के आगे संयुक्त अक्षर ग्र आने से अक्षर ल की लघु मात्रा दीर्घ सिद्ध हुई है.

3. इस छंद की चौथी पंक्ति में लघु अक्षर यु के आगे संयुक्त अक्षर क्त आने से और लघु अक्षर ख के आगे संयुक्त अक्षर स्य आने से अक्षर यु और ख की लघु मात्राएँ दीर्घ सिद्ध हुई हैं.

(हे यक्षिणी!)

दोहा० भाँति–भाँति से रम्य ये, परियों का मनहार ।
       पक्व धान का काल है, शीतल शुभ सुखकार ।।

       क्रौंच खगों का लाड़ला, बरफ युक्त हेमंत ।
       देखो सजनी! अंत है, ऋतुओं में श्रीमंत ।।

॥ इति हेमन्तः ॥

६

ऋतुसंहार पंचम सर्ग

शिशिर ऋतु

(यक्ष उवाच)

॥ अथ शिशिरः ॥

5.1

प्ररूढशात्यं शुचयैर्मनोहरं क्वचित्स्थितक्रौञ्चनिनादशोभितम् ।
प्रकामकामं प्रमदाजनप्रियं वरोरु कालं शिशिराह्वयं शृणु ॥

ज त ज र वंशस्थ छंद

प्ररूढ	शात्यंशु	चयैर्म	नोहरम्
। ऽ ।	ऽ ऽ ।	। ऽ ।	ऽ । ऽ
क्वचित्स्थि[1]	तक्रौञ्च[1]	निनाद	शोभितम्
। ऽ ।	ऽ ऽ ।	। ऽ ।	ऽ । ऽ
प्रकाम	कामंप्र	मदाज	नप्रियम्[2]
। ऽ ।	ऽ ऽ ।	। ऽ ।	ऽ । ऽ
वरोरु	कालंशि	शिराह्व	यंशृणु
। ऽ ।	ऽ ऽ ।	। ऽ ।	ऽ । । *

* अंतिम 15 वीं लघु (।) मात्रा भी गुरु (ऽ) मानी गयी है.

पाद टिप्पणियाँ :

1. इस वंशस्थ छंद की दूसरी पंक्ति में लघु अक्षर चि के आगे संयुक्त अक्षर त्स्थ आने से और लघु अक्षर त के आगे संयुक्त अक्षर क्र आने से अक्षर चि और त

की लघु मात्राएँ दीर्घ सिद्ध हुई हैं.

2. इस छंद की तृतीय पंक्ति में लघु अक्षर न के आगे संयुक्त अक्षर प्र आने से अक्षर न की लघु मात्रा दीर्घ सिद्ध हुई है.

(हे मनोहर जाँघों वाली यक्षिणी!)

दोहा॰ हे सुंदर जँघायिनी! देखो ये खग क्रौंच ।
विशाल–वक्ष–नितंबिनी! चोखी उनकी चोंच ।।

कलरव रव उनका सुनो, कर्णमधुर मनहार ।
बैठे हैं जो छाँव में, एक बनाय कतार ।।

प्रमदा जन का लाड़ला, मौसम शोभा युक्त ।
शिशिर काल है अगया, कामोत्तेजक वक्त ।।

5.2

निरुद्धवातायनमन्दिरोदरं हुताशनो भानुमतो गभस्तयः ।
गुरूणि वासांस्यबलाः सयौवनाः प्रयान्ति कालेऽत्र जनस्य सेव्यताम् ॥

ज त ज र वंशस्थ छंद

निरुद्ध[1]	वाताय	नमन्दि[1]	रोदरम्
। ऽ ।	ऽ ऽ ।	। ऽ ।	ऽ । ऽ
हुताश	नोभानु	मतोग	भस्तयः[2]
। ऽ ।	ऽ ऽ ।	। ऽ ।	ऽ । ऽ
गुरूणि	वासांस्य	बलाःस	यौवनाः
। ऽ ।	ऽ ऽ ।	। ऽ ।	ऽ । ऽ
प्रयान्ति	कालेऽत्र	जनस्य[3]	सेव्यताम्
। ऽ ।	ऽ ऽ ।	। ऽ ।	ऽ । ऽ

पाद टिप्पणियाँ :

1. इस वंशस्थ छंद की पहली पंक्ति में लघु अक्षर रु के आगे संयुक्त अक्षर द्ध आने से और लघु अक्षर म के आगे संयुक्त अक्षर न्द आने से अक्षर रु और म की लघु मात्राएँ दीर्घ सिद्ध हुई हैं.

2. इस छंद की दूसरी पंक्ति में लघु अक्षर भ के आगे संयुक्त अक्षर स्त आने से अक्षर भ की लघु मात्रा दीर्घ सिद्ध हुई है.
3. इस छंद की चैथी पंक्ति में लघु अक्षर न के आगे संयुक्त अक्षर स्य आने से अक्षर न की लघु मात्रा दीर्घ सिद्ध हुई है.

(हे यक्षिणी!)

दोहा॰ **कामी जन इस काल में, रखें खड़कियाँ बंद ।**
सूर्य किरण का ताप या, करें आग प्रबंध ।।

उष्मा मोटे वस्त्र का, या युवती का भोग ।
कामी जन को चाहिये, इन्हीं सुखों का योग ।।

5.3

न चन्दनं चन्द्रमरीचिशीतलं न हर्म्यपृष्ठं शरदिन्दुनिर्मलम् ।
न वायवः सान्द्रतुषारशीतला जनस्य चित्तं रमयन्ति सांप्रतम् ॥

ज त ज र वंशस्थ छंद

नचन्द[1]	नंचन्द्र[1]	मरीचि	शीतलम्
। ऽ ।	ऽ ऽ ।	। ऽ ।	ऽ । ऽ
नहर्म्य[2]	पृष्ठंश[2]	रदिन्दु[2]	निर्मलम्[2]
। ऽ ।	ऽ ऽ ।	। ऽ ।	ऽ । ऽ
नवाय	वःसान्द्र	तुषार	शीतला
। ऽ ।	ऽ ऽ ।	। ऽ ।	ऽ । ऽ
जनस्य[3]	चित्तंर[3]	मयन्ति[3]	सांप्रतम्
। ऽ ।	ऽ ऽ ।	। ऽ ।	ऽ । ऽ

पाद टिप्पणियाँ :

1. इस वंशस्थ छंद की पहली पंक्ति में पहले लघु अक्षर च के आगे संयुक्त अक्षर न्द आने से और दूसरे लघु अक्षर च के आगे संयुक्त अक्षर न्द्र आने से दोनों च अक्षरों की लघु मात्रा दीर्घ सिद्ध हुई है.
2. इस छंद की दूसरी पंक्ति में लघु अक्षर ह के आगे संयुक्त अक्षर र्म्य आने से,

लघु अक्षर पृ के आगे संयुक्त अक्षर ष्ठ आने से, लघु अक्षर दि के आगे संयुक्त अक्षर न्द आने से और लघु अक्षर नि के आगे संयुक्त अक्षर र्म आने से अक्षर ह, पृ, दि और नि की लघु मात्राएँ दीर्घ सिद्ध हुई हैं.

3. इस छंद की चैथी पंक्ति में लघु अक्षर न के आगे संयुक्त अक्षर स्य आने से, लघु अक्षर चि के आगे संयुक्त अक्षर त्त आने से और लघु अक्षर य के आगे संयुक्त अक्षर न्त आने से अक्षर न, चि और य की लघु मात्राएँ दीर्घ सिद्ध हुई हैं.

(हे यक्षिणी!)

दोहा० **शिशिर समय का शीत ये, ठंडा बरफ समान ।**
जनता को भाता नहीं, इसमें न समाधान ।।

शीतल चंदन, चंद्र भी, शीतल-सर्द समीर ।
नहीं सुहाता चित्त को, ना ही ठंडा नीर ।।

5.4

तुषारसंघातनिपातशीतलाः शशाङ्कभाभिः शिशिरीकृताः पुनः ।
विपाण्डुतारागणचारुभूषणा जनस्य सेव्या न भवन्ति रात्रयः ॥

ज त ज र वंशस्थ छंद

तुषार	संघात	निपात	शीतलाः
। ऽ ।	ऽ ऽ ।	। ऽ ।	ऽ । ऽ
शशाङ्क	भाभिःशि	शिरीकृ	ताःपुनः
। ऽ ।	ऽ ऽ ।	। ऽ ।	ऽ । ऽ
विपाण्डु	ताराग	णचारु	भूषणा
। ऽ ।	ऽ ऽ ।	। ऽ ।	ऽ । ऽ
जनस्य[1]	सेव्यान	भवन्ति[1]	रात्रयः
। ऽ ।	ऽ ऽ ।	। ऽ ।	ऽ । ऽ

पाद टिप्पणियाँ :

1. इस वंशस्थ छंद की चौथी पंक्ति में लघु अक्षर न के आगे संयुक्त अक्षर स्य आने से और लघु अक्षर व के आगे संयुक्त अक्षर न्त आने से अक्षर न और व

की लघु मात्राएँ दीर्घ सिद्ध हुई हैं.

(हे यक्षिणी!)

दोहा॰ और सुनो, हे यक्षिणी! चंद्ररश्मि की रात्र ।
सुंदर हो कर चाँदनी, मुदित न करती गात्र ।।

5.5

गृहीतताम्बूलविलेपनस्रजः सुखासवामोदितवक्त्रपङ्कजाः ।
प्रकामकालागरुधूपवासितं विशन्ति शय्यागृहमुत्सुकाः स्त्रियः ॥

ज त ज र वंशस्थ छंद

गृहीत	ताम्बूल	विलेप	नस्रजः [1]
। ऽ ।	ऽ ऽ ।	। ऽ ।	ऽ । ऽ
सुखास	वामोदि	तवक्त्र [2]	पङ्कजाः [2]
। ऽ ।	ऽ ऽ ।	। ऽ ।	ऽ । ऽ
प्रकाम	कालाग	रुधूप	वासितम्
। ऽ ।	ऽ ऽ ।	। ऽ ।	ऽ । ऽ
विशन्ति [3]	शय्यागृ [3]	हमुत्सु [3]	काःस्त्रियः
। ऽ ।	ऽ ऽ ।	। ऽ ।	ऽ । ऽ

पाद टिप्पणियाँ :

1. इस वंशस्थ छंद की पहली पंक्ति में पहले लघु अक्षर न के आगे संयुक्त अक्षर स्र आने से अक्षर न की लघु मात्रा दीर्घ सिद्ध हुई है.
2. इस छंद की दूसरी पंक्ति में लघु अक्षर व के आगे संयुक्त अक्षर क्त्र आने से और लघु अक्षर प के आगे संयुक्त अक्षर ङ्क आने से अक्षर व और प की लघु मात्राएँ दीर्घ सिद्ध हुई हैं.
3. इस छंद की चौथी पंक्ति में प्रथम लघु अक्षर श के आगे संयुक्त अक्षर न्त आने से, द्वितीय लघु अक्षर श के आगे संयुक्त अक्षर य्य आने से और लघु अक्षर मु के आगे संयुक्त अक्षर त्स आने से अक्षर श, श और मु की लघु मात्राएँ दीर्घ सिद्ध हुई हैं.

(हे यक्षिणी!)

दोहा॰ **पान पत्र परिपूर्ण जो, जिसमें इत्र सुगंध ।**
चंदन मनकों से बनी, मालाएँ कटिबंध; ।।

मुखकमलिनी मधुभाषिणी, कामोत्सुक गौरांग ।
आती शयनागार में, करन तृप्त सर्वांग ।।

5.6

कृतापराधान् बहुशोऽपि तर्जितान्सवेपथून्साध्वसलुप्तचेतसः ।
निरीक्ष्य भर्तृन्सुरताभिलाषिणः स्त्रियोऽपराधान् समदा विसस्मरुः ॥

ज त ज र वंशस्थ छंद

कृताप	राधान्ब	हुशोऽपि	तर्जितान्[1]
। ऽ ।	ऽ ऽ ।	। ऽ ।	ऽ । ऽ
सवेप	थून्साध्व	सलुप्त[2]	चेतसः
। ऽ ।	ऽ ऽ ।	। ऽ ।	ऽ । ऽ
निरीक्ष्य	भर्तृन्सु[3]	रताभि	लाषिणः
। ऽ ।	ऽ ऽ ।	। ऽ ।	ऽ । ऽ
स्त्रियोऽप	राधान्स	मदावि	सस्मरुः[4]
। ऽ ।	ऽ ऽ	। ऽ ।	ऽ । ऽ

पाद टिप्पणियाँ :

1. इस वंशस्थ छंद की पहली पंक्ति में पहले लघु अक्षर त के आगे संयुक्त अक्षर र्ज आने से अक्षर त की लघु मात्रा दीर्घ सिद्ध हुई है.
2. इस छंद की दूसरी पंक्ति में लघु अक्षर लु के आगे संयुक्त अक्षर प्त आने से अक्षर लु की लघु मात्रा दीर्घ सिद्ध हुई है.
3. इस छंद की तीसरी पंक्ति में लघु अक्षर भ के आगे संयुक्त अक्षर र्त आने से और लघु अक्षर तृ के आगे संयुक्त अक्षर न्स आने से अक्षर भ और तृ की लघु मात्राएँ दीर्घ सिद्ध हुई हैं.
4. इस छंद की चौथी पंक्ति में लघु अक्षर स के आगे संयुक्त अक्षर स्म आने से अक्षर स की लघु मात्रा दीर्घ सिद्ध हुई हैं

139

(हे यक्षिणी!)

दोहा॰ **कामकर्म अनुरक्त जो, रमणी मद उन्मत्त ।**
पति के भय से मौन हैं, जो है भ्रष्ट प्रमत्त ।।

परस्त्रीगामी वह पिया, अपराधी यदि होय ।
क्षमा करे अपराध सब, सखी जिया में रोय ।।

5.7

प्रकामकामैर्युवभिः सुनिर्दयं निशासु दीर्घास्वभिरामिताश्चिरम् ।
भ्रमन्ति मन्दं श्रमखेदितोरवः क्षपावसाने नवयौवनाः स्त्रियः ॥

ज त ज र वंशस्थ छंद

प्रकाम	कामैर्यु	वभिःसु	निर्दयम्[1]
। ऽ ।	ऽ ऽ ।	। ऽ ।	ऽ । ऽ
निशासु	दीर्घास्व	भिरामि	ताश्चिरम्
। ऽ ।	ऽ ऽ ।	। ऽ ।	ऽ । ऽ
भ्रमन्ति[2]	मन्दंश्र[2]	मखेदि	तोरवः
। ऽ ।	ऽ ऽ ।	। ऽ ।	ऽ । ऽ
क्षपाव	सानेन	वयौव	नाःस्त्रियः
। ऽ ।	ऽ ऽ ।	। ऽ ।	ऽ । ऽ

पाद टिप्पणियाँ :

1. इस वंशस्थ छंद की पहली पंक्ति में लघु अक्षर नि के आगे संयुक्त अक्षर र्द आने से अक्षर नि की लघु मात्रा दीर्घ सिद्ध हुई है.
2. इस छंद की तीसरी पंक्ति में प्रथम लघु अक्षर म के आगे संयुक्त अक्षर न्त आने से और द्वितीय लघु अक्षर म के आगे संयुक्त अक्षर न्द आने से दोनों अक्षर म की लघु मात्राएँ दीर्घ सिद्ध हुई हैं.

(हे यक्षिणी!)

दोहा॰ **रति के भूखे युवक जो, रति रत सारी रात ।**
ठंडी रातें शिशिर की, हफ्ते के दिन सात ।।

कालिदास के ऋतुसंहार की छंद मीमांसा

निर्दयता से भोग कर, करता है व्यभिचार ।
रात बीतते नायिका, लौटे घर लाचार ।।

5.8

मनोज्ञकूर्पासकपीडितस्तनाः सरागकौशेयविभूषितोरसः ।
निवेशितान्तःकुसुमैः शिरोरुहैर्विभूषयन्तीव हिमागमं स्त्रियः ॥

ज त ज र वंशस्थ छंद

मनोज्ञ	कूर्पास	कपीडि	तस्तनाः[1]
। ऽ ।	ऽ ऽ ।	। ऽ ।	ऽ । ऽ
सराग	कौशेय	विभूषि	तोरसः
। ऽ ।	ऽ ऽ	। ऽ ।	ऽ । ऽ
निवेशि	तान्तःकु	सुमैःशि	रोरुहैः
। ऽ ।	ऽ ऽ ।	। ऽ ।	ऽ । ऽ
विभूष	यन्तीव[2]	हिमाग	मंस्त्रियः
। ऽ ।	ऽ ऽ ।	। ऽ ।	ऽ । ऽ

पाद टिप्पणियाँ :

1. इस वंशस्थ छंद की पहली पंक्ति में लघु अक्षर त के आगे संयुक्त अक्षर स्त आने से अक्षर त की लघु मात्रा दीर्घ सिद्ध हुई है.
2. इस छंद की चौथी पंक्ति में प्रथम लघु अक्षर य के आगे संयुक्त अक्षर न्त आने से अक्षर य की लघु मात्रा दीर्घ सिद्ध हुई है.

(हे यक्षिणी!)

दोहा॰ **तंग चोलियों में कसे, स्तन जिनमें है आग ।**
रंग-रंग पट रेशमी, ढके जाँघ के भाग; ।।

गुलाब बालों में सजे, सुंदर पुष्प सुवास ।
मना रही है नायिका, ऋतु का शिशिर विलास ।।

5.9

पयोधरैः कुङ्कुमरागपिञ्जरैः सुखोपसेव्यैर्नवयौवनोष्मभिः ।
विलासिनीभिः परिपीडितोरसः स्वपन्ति शीतं परिभूय कामिनः ॥

ज त ज र वंशस्थ छंद

पयोध	रैःकुङ्कु[1]	मराग	पिञ्जरैः[1]
।ऽ।	ऽऽ।	।ऽ।	ऽ।ऽ
सुखोप	सेव्यैर्न	वयौव	नोष्मभिः
।ऽ।	ऽऽ।	।ऽ।	ऽ।ऽ
विलासि	नीभिःप	रिपीडि	तोरसः
।ऽ।	ऽऽ।	।ऽ।	ऽ।ऽ
स्वपन्ति[2]	शीतंप	रिभूय	कामिनः
।ऽ।	ऽऽ।	।ऽ।	ऽ।ऽ

पाद टिप्पणियाँ :

1. इस वंशस्थ छंद की पहली पंक्ति में लघु अक्षर कु के आगे संयुक्त अक्षर ङ्कु आने से और लघु अक्षर पि के आगे संयुक्त अक्षर ञ्ज आने से अक्षर कु और पि की लघु मात्राएँ दीर्घ सिद्ध हुई हैं.
2. इस छंद की चौथी पंक्ति में प्रथम लघु अक्षर प के आगे संयुक्त अक्षर न्त आने से अक्षर प की लघु मात्रा दीर्घ सिद्ध हुई है.

(अर्थात्, हे यक्षिणी!)

दोहा॰ **विशालस्तनियों के तथा, कामिनियों के साथ ।**
रतिसुख जिनको ना मिला, रहे मसलते हाथ ।।

सुख-सपने ही हैं जिन्हें, रतिक्रीड़ा सौगात ।
शिशिर ॠतु में जवान वे, शयन करें दिन-रात ।।

5.10

सुगन्धिनिःश्वासविकम्पितोत्पलं मनोहरं कामरतिप्रबोधनम् ।
निशासु हृष्टाः सह कामिभिः स्त्रियः पिबन्ति मद्यं मदनीयमुत्तमम् ॥

ज त ज र वंशस्थ छंद

सुगन्धि[1]	निःश्वास	विकम्पि[1]	तोत्पलम्
। ऽ ।	ऽ ऽ ।	। ऽ ।	ऽ । ऽ
मनोह	रंकाम	रतिप्र[2]	बोधनम्
। ऽ ।	ऽ ऽ ।	। ऽ ।	ऽ । ऽ
निशासु	हृष्टाःस[3]	हकामि	भिःस्त्रियः
। ऽ ।	ऽ ऽ ।	। ऽ ।	ऽ । ऽ
पिबन्ति[4]	मद्यंम[4]	दनीय	मुत्तमम्[4]
। ऽ ।	ऽ ऽ ।	। ऽ ।	ऽ । ऽ

पाद टिप्पणियाँ :

1. इस वंशस्थ छंद की पहली पंक्ति में पहले लघु अक्षर ग के आगे संयुक्त अक्षर न्ध आने से और लघु अक्षर क के आगे संयुक्त अक्षर म्प आने से अक्षर ग और क की लघु मात्राएँ दीर्घ सिद्ध हुई हैं.
2. इस छंद की दूसरी पंक्ति में लघु अक्षर ति के आगे संयुक्त अक्षर प्र आने से अक्षर ति की लघु मात्रा दीर्घ सिद्ध हुई है.
3. इस छंद की तीसरी पंक्ति में लघु अक्षर हृ के आगे संयुक्त अक्षर ष्ट आने से अक्षर हृ की लघु मात्रा दीर्घ सिद्ध हुई है.
4. इस छंद की चौथी पंक्ति में लघु अक्षर ब के आगे संयुक्त अक्षर न्त आने से, लघु अक्षर म के आगे संयुक्त अक्षर द्य आने से और लघु अक्षर मु के आगे संयुक्त अक्षर त्त आने से अक्षर ब, म और मु की लघु मात्राएँ दीर्घ सिद्ध हुई हैं.

(मगर, हे यक्षिणी!)

दोहा० **पद्म-पराग सुवास का, कामदेव का मद्य ।**
कामोत्तेजक सोम रस, सखा-सखी को हृद्य ।।

करते वल्लभ-वल्लभा, रतिक्रीड़ा रस पान ।
शिशिर ऋतु के हर्ष में, गाते हैं गुण गान ।।

5.11

अपगतमदरागा योषिदेका प्रभाते कृतनिबिडकुचाग्रा पत्युरालिङ्गनेन ।

143

प्रियतमपरिभुक्तं वीक्षमाणा स्वदेहं व्रजति शयनवासाद्वासमन्यद्धसन्ती ॥

न न म य य मालिनी छंद

अपग	तमद	रागायो	षिदेका	प्रभाते
। । ।	। । ।	ऽ ऽ ऽ	। ऽ ऽ	। ऽ ऽ
कृतनि	बिडकु	चाग्राप[1]	त्युरालि[1]	ङ्गनेन
। । ।	। । ।	ऽ ऽ ऽ	। ऽ ऽ	। ऽ ऽ
प्रियत	मपरि	भुक्तंवी[2]	क्षमाणा	स्वदेहम्
। । ।	। । ।	ऽ ऽ ऽ	। ऽ ऽ	। ऽ ऽ
व्रजति	शयन	वासाद्वा	समन्य[3]	द्धसन्ती[3]
। । ।	। । ।	ऽ ऽ ऽ	। ऽ ऽ	। ऽ ऽ

पाद टिप्पणियाँ :

1. इस मालिनी छंद की दूसरी पंक्ति में पहले लघु अक्षर प के आगे संयुक्त अक्षर त्य आने से और लघु अक्षर लि के आगे संयुक्त अक्षर ङ्ग आने से अक्षर प और लि की लघु मात्राएँ दीर्घ सिद्ध हुई हैं.

2. इस छंद की तीसरी पंक्ति में लघु अक्षर भु के आगे संयुक्त अक्षर क्त आने से अक्षर भु की लघु मात्रा दीर्घ सिद्ध हुई है.

3. इस छंद की चौथी पंक्ति में लघु अक्षर म के आगे संयुक्त अक्षर न्य आने से, लघु अक्षर न्य के आगे संयुक्त अक्षर द्ध आने से और लघु अक्षर स के आगे संयुक्त अक्षर न्त आने से अक्षर म, न्य और स की लघु मात्राएँ दीर्घ सिद्ध हुई हैं.

(हे यक्षिणी!)

दोहा०   जिस दयिता के रात में, मीसे गए स्तनाग्र ।
          पति भुक्ता वह रागिणी, रति रत रात समग्र ॥

          प्रभात में वह कामिनी, काम वासना तृप्त ।
          केलीगृह से चल पड़े, प्रसन्नता से लिप्त ॥

5.12
अगुरुसुरभिधूपामोदितं केशपाशं

गलितकुसुममालं तन्वती कुञ्चिताम् ।
त्यजति गुरुनितम्बा निम्नमद्ध्यावसाना-
उषसि शयनमन्या कामिनी चारुशोभाम् ॥

न न म य य मालिनी छंद

अगुरु	सुरभि	धूपामो	दितंके	शपाशम्
। । ।	। । ।	ऽ ऽ ऽ	। ऽ ऽ	। ऽ ऽ
गलित	कुसुम	मालंत[1]	न्वतीकु[1]	ञ्चिताम्
। । ।	। । ।	ऽ ऽ ऽ	। ऽ ऽ	। ऽ ऽ
त्यजति	गुरुनि	तम्बानि[2]	म्नमद्ध्या[2]	वसानाः
। । ।	। । ।	ऽ ऽ ऽ	। ऽ ऽ	। ऽ ऽ
उषसि	शयन	मन्याका[3]	मिनीचा	रुशोभाम्
। । ।	। । ।	ऽ ऽ ऽ	। ऽ ऽ	। ऽ ऽ

पाद टिप्पणियाँ :

1. इस मालिनी छंद की दूसरी पंक्ति में लघु अक्षर त के आगे संयुक्त अक्षर न्व आने से और लघु अक्षर कु के आगे संयुक्त अक्षर ञ्च आने से अक्षर त और कु की लघु मात्राएँ दीर्घ सिद्ध हुई हैं.
2. इस छंद की तीसरी पंक्ति में लघु अक्षर त के आगे संयुक्त अक्षर म्ब आने से, लघु अक्षर नि के आगे संयुक्त अक्षर म्न आने से और लघु अक्षर म के आगे संयुक्त अक्षर द्ध्य आने से अक्षर त, नि और म की लघु मात्राएँ दीर्घ सिद्ध हुई हैं.
3. इस छंद की चौथी पंक्ति में लघु अक्षर म के आगे संयुक्त अक्षर न्य आने से अक्षर म की लघु मात्रा दीर्घ सिद्ध हुई है.

(हे यक्षिणी!)

दोहा॰ तरुणी ईत्रसुवासिता, पतली कटि की नार ।
विशालजंघा सुंदरी, चली सखा के द्वार ।।

5.13

कनककमलकान्तैश्चारुताम्राधरोष्ठैः

श्रवणतटनियुक्तैः पाटलोपान्तनेत्रैः ।
उषसि वदनबिम्बैरंससंसक्तकेशैः
श्रिय इव गृहमध्ये संस्थिता योषितोऽद्य ॥

न न म य य मालिनी छंद

कनक	कमल	कान्तैश्चा	रुताम्रा	धरोष्ठैः
। । ।	। । ।	ऽ ऽ ऽ	। ऽ ऽ	। ऽ ऽ
श्रवण	तटनि	युक्तैःपा [1]	टलोपा	न्तनेत्रैः
। । ।	। । ।	ऽ ऽ ऽ	। ऽ ऽ	। ऽ ऽ
उषसि	वदन	बिम्बैरं [2]	ससंस [2]	क्तकेशैः
। । ।	। । ।	ऽ ऽ ऽ	। ऽ ऽ	। ऽ ऽ
श्रियइ	वगृह	मध्येसं [3]	स्थितायो	षितोऽद्य
। । ।	। । ।	ऽ ऽ ऽ	। ऽ ऽ	। ऽ । *

* अंतिम 15 वीं लघु (।) मात्रा भी गुरु (ऽ) मानी गयी है.

पाद टिप्पणियाँ :

1. इस मालिनी छंद की दूसरी पंक्ति में लघु अक्षर यु के आगे संयुक्त अक्षर क्त आने से अक्षर यु की लघु मात्रा दीर्घ सिद्ध हुई है.
2. इस छंद की तीसरी पंक्ति में लघु अक्षर बि के आगे संयुक्त अक्षर म्ब आने से और लघु अक्षर स के आगे संयुक्त अक्षर क्त आने से अक्षर वि और स की लघु मात्राएँ दीर्घ सिद्ध हुई हैं.
3. इस छंद की चौथी पंक्ति में लघु अक्षर म के आगे संयुक्त अक्षर ध्य आने से अक्षर म की लघु मात्रा दीर्घ सिद्ध हुई है.

(गृहलक्ष्मी)

दोहा॰ **उष्ण नीर से स्नान कर, पहन कर अलंकार ।**
सजी-धजी नारी लगे, लक्ष्मी का अवतार ।।

5.14

पृथुजघनभरार्ताः किंचिदानम्रमध्याः
स्तनभरपरिखेदान्मन्दमन्दं व्रजन्त्यः ।
सुरतसमयवेशं नैषमाशु प्रहाय

दधति दिवसयोग्यं वेषमन्यास्तरुण्यः ॥

न न म य य मालिनी छंद

पृथुज	घनभ	रार्ताःकिं	चिदान[1]	म्रमध्याः[1]
। । ।	। । ।	ऽ ऽ ऽ	। ऽ ऽ	। ऽ ऽ
स्तनभ	रपरि	खेदान्म[2]	न्दमन्दं[2]	व्रजन्त्यः[2]
। । ।	। । ।	ऽ ऽ ऽ	। ऽ ऽ	। ऽ ऽ
सुरत	समय	वेशंनै	षमाशु[3]	प्रहाय
। । ।	। । ।	ऽ ऽ ऽ	। ऽ ऽ	। ऽ । *
दधति	दिवस	योग्यंवे	षमन्या[4]	स्तरुण्यः[4]
। । ।	। । ।	ऽ ऽ ऽ	। ऽ ऽ	। ऽ ऽ

* अंतिम 15 वीं लघु (।) मात्रा भी गुरु (ऽ) मानी गयी है.

पाद टिप्पणियाँ :

1. इस मालिनी छंद की दूसरी पंक्ति में लघु अक्षर न के आगे संयुक्त अक्षर म्र आने से और लघु अक्षर म के आगे संयुक्त अक्षर ध्य आने से अक्षर न और म की लघु मात्राएँ दीर्घ सिद्ध हुई हैं.
2. इस छंद की दूसरी पंक्ति में लघु अक्षर न्म के आगे संयुक्त अक्षर न्द आने से, लघु अक्षर म के आगे भी संयुक्त अक्षर न्द आने से और लघु अक्षर ज के आगे संयुक्त अक्षर न्त्य आने से अक्षर न्म, म और ज की लघु मात्राएँ दीर्घ सिद्ध हुई हैं.
3. इस छंद की तीसरी पंक्ति में लघु अक्षर शु के आगे संयुक्त अक्षर प्र आने से अक्षर शु की लघु मात्रा दीर्घ सिद्ध हुई है.
4. इस छंद की चौथी पंक्ति में लघु अक्षर म के आगे संयुक्त अक्षर न्य आने से और लघु अक्षर रु के आगे संयुक्त अक्षर ण्य आने से अक्षर म और रु की लघु मात्राएँ दीर्घ सिद्ध हुई हैं.

(हे यक्षिणी!)

दोहा॰ विशालस्तनिनी भामिनी, स्थूल जंघिनी नार ।
क्लेशित करता है जिसे, स्तन-नितंब का भार ।।

त्वरित रात्रि के वेश को, तज कर दिन का वेश ।

147

पहने सत्वर मानिनी, कम करने को क्लेश ।।

5.15

नखपदचितभागान्वीक्ष्यमाणाः स्तनाग्रा-
नधरकिसलयाग्रं दन्तभिन्नं स्पृशन्त्यः ।
अभिमतरतवेषं नन्दयन्त्यस्तरुण्यः
सवितुरुदयकाले भूषयन्त्याननानि ॥

न न म य य मालिनी छंद

नखप	दचित	भागान्वी	क्ष्यमाणाः	स्तनाग्रान्
। । ।	। । ।	ऽ ऽ ऽ	। ऽ ऽ	। ऽ ऽ
अधर	किसल	याग्रंद[1]	न्तभिन्नं[1]	स्पृशन्त्यः[1]
। । ।	। । ।	ऽ ऽ ऽ	। ऽ ऽ	। ऽ ऽ
अभिम	तरत	वेषंन[2]	न्दयन्त्य[2]	स्तरुण्यः[2]
। । ।	। । ।	ऽ ऽ ऽ	। ऽ ऽ	। ऽ ऽ
सवितु	रुदय	कालेभू	षयन्त्या[3]	ननानि *
। । ।	। । ।	ऽ ऽ ऽ	। ऽ ऽ	। ऽ ।

* अंतिम 15 वीं लघु (।) मात्रा भी गुरु (ऽ) मानी गयी है.

पाद टिप्पणियाँ :

1. इस मालिनी छंद की दूसरी पंक्ति में लघु अक्षर द के आगे संयुक्त अक्षर न्त आने से, लघु अक्षर भि के आगे संयुक्त अक्षर न्न आने से और लघु अक्षर श के आगे संयुक्त अक्षर न्त्य आने से अक्षर द, भि और श की लघु मात्राएँ दीर्घ सिद्ध हुई हैं.
2. इस छंद की तीसरी पंक्ति में लघु अक्षर न के आगे संयुक्त अक्षर न्द आने से, लघु अक्षर य के आगे संयुक्त अक्षर न्त्य आने से, लघु अक्षर न्त्य के आगे संयुक्त अक्षर स्त आने से और लघु अक्षर रु के आगे संयुक्त अक्षर ण्य आने से अक्षर न, य, न्त्य और रु की लघु मात्राएँ दीर्घ सिद्ध हुई हैं.
3. इस छंद की चौथी पंक्ति में लघु अक्षर य के आगे संयुक्त अक्षर न्त्य आने से अक्षर रु की लघु मात्रा दीर्घ सिद्ध हुई है.

(हे यक्षिणी!)

दोहा॰ **रति सुख अवगत कामिनी, नख क्षत स्तन की नार ।**
रति रस तृप्त प्रभात में, रचे केश संभार ।।

5.16

प्रचुरगुडविकारः स्वादुशालीक्षुरम्यः
प्रबलसुरतकेलिर्जातकन्दर्पदर्पः ।
प्रियजनरहितानां चित्तसंतापहेतुः
शिशिरसमय एषः श्रेयसे वोऽस्तु नित्यम् ॥

न न म य य मालिनी छंद

प्रचुर	गुडवि	कारःस्वा	दुशाली	क्षुरम्यः[1]
। । ।	। । ।	ऽ ऽ ऽ	। ऽ ऽ	। ऽ ऽ
प्रबल	सुरत	केलिर्जा[2]	तकन्द[2]	र्पदर्पः[2]
। । ।	। । ।	ऽ ऽ ऽ	। ऽ ऽ	। ऽ ऽ
प्रियज	नरहि	तानांचि[3]	त्तसंता	पहेतुः
। । ।	। । ।	ऽ ऽ ऽ	। ऽ ऽ	। ऽ ऽ
शिशिर	समय	एषःश्रे	यसेवोऽ	स्तुनित्यम्[4]
। । ।	। । ।	ऽ ऽ ऽ	। ऽ ऽ	। ऽ ऽ

पाद टिप्पणियाँ :

1. इस मालिनी छंद की पहली पंक्ति में लघु अक्षर र के आगे संयुक्त अक्षर म्य आने से अक्षर र की लघु मात्रा दीर्घ सिद्ध हुई है.
2. इस मालिनी छंद की दूसरी पंक्ति में लघु अक्षर लि के आगे संयुक्त अक्षर र्ज आने से, लघु अक्षर क के आगे संयुक्त अक्षर न्द आने से, लघु अक्षर न्द के आगे संयुक्त अक्षर र्प आने से और लघु अक्षर द के आगे भी संयुक्त अक्षर र्प आने से अक्षर लि, क, न्द और द की लघु मात्राएँ दीर्घ सिद्ध हुई हैं.
3. इस छंद की तीसरी पंक्ति में लघु अक्षर चि के आगे संयुक्त अक्षर त्त आने से अक्षर चि की लघु मात्रा दीर्घ सिद्ध हुई है.
4. इस छंद की चौथी पंक्ति में लघु अक्षर नि के आगे संयुक्त अक्षर त्य आने से अक्षर नि की लघु मात्रा दीर्घ सिद्ध हुई है.

(हे यक्षिणी!)

दोहा॰ **रति सुख दाता शिशिर का, समीप आया अंत ।**
अब है सुंदर आ रहा, शुभ ऋतुराज वसंत ।।

॥ इति शिशिरः ॥

६
ऋतुसंहार छठा सर्ग
वसंत ऋतु

(यक्ष उवाच)

॥ अथ वसन्तः ॥

6.1

प्रफुल्लचूताङ्कुरतीक्ष्णसायको द्विरेफमालाविलसद्धनुर्गुणः ।
मनांसि वेद्धुं सुरतप्रसङ्गिनां वसन्तयोद्धा समुपागतः प्रिये ॥

ज त ज र वंशस्थ छंद

प्रफुल्ल[1]	चूताङ्कु	रतीक्ष्ण	सायकः
। ऽ ।	ऽ ऽ ।	। ऽ ।	ऽ । ऽ
द्विरेफ	मालावि	लसद्ध[2]	नुर्गुणः[2]
। ऽ ।	ऽ ऽ ।	। ऽ ।	ऽ । ऽ
मनांसि	वेद्धुंसु	रतप्र[3]	सङ्गिनाम्[3]
। ऽ ।	ऽ ऽ	। ऽ ।	ऽ । ऽ
वसन्त[4]	योद्धास	मुपाग	तःप्रिये
। ऽ ।	ऽ ऽ ।	। ऽ ।	ऽ । ऽ

पाद टिप्पणियाँ :

1. इस वंशस्थ छंद की पहली पंक्ति में लघु अक्षर फु के आगे संयुक्त अक्षर ल्ल आने से अक्षर फु की लघु मात्रा दीर्घ सिद्ध हुई है.

2. इस वंशस्थ छंद की दूसरी पंक्ति में लघु अक्षर स के आगे संयुक्त अक्षर द्ध आने से और लघु अक्षर नु के आगे भी संयुक्त अक्षर र्ग आने से अक्षर स और नु की लघु मात्राएँ दीर्घ सिद्ध हुई हैं.
3. इस छंद की तीसरी पंक्ति में लघु अक्षर त के आगे संयुक्त अक्षर प्र आने से और लघु अक्षर स के आगे भी संयुक्त अक्षर ङ्ग आने से अक्षर त और स की लघु मात्राएँ दीर्घ सिद्ध हुई हैं.
4. इस वंशस्थ छंद की चौथी पंक्ति में लघु अक्षर स के आगे संयुक्त अक्षर न्त आने से अक्षर स की लघु मात्रा दीर्घ सिद्ध हुई है.

(हे यक्षिणी!)

दोहा० **वसंत ऋतु है आगया, देने को आनंद ।**
मौसम है यह कुनकुना, ठंड हो चुकी बंद ।।

नवीन अंकुर आम्र के, इस ऋतु के हैं बाण ।
प्रत्यंचा उस धनुष की, भ्रमर-पंक्ति परिमाण ।।

वसंत रूपी वीर ये, आया लेने जीत ।
विलासियों के चित्त को, और लगाने प्रीत ।।

6.2

द्रुमाः सपुष्पाः सलिलं सपद्मं स्त्रियः सकामाः पवनः सुगन्धिः ।
सुखाः प्रदोषा दिवसाश्च रम्याः सर्वं प्रिये चारुतरं वसन्ते ॥

ज त ज ग ग उपेंद्रवज्रा छंद

द्रुमाःस	पुष्पाःस[1]	लिलंस	पद्मम्[1]
। ऽ ।	ऽ ऽ ।	। ऽ ।	ऽ ऽ
स्त्रियःस	कामाःप	वनःसु	गन्धिः[2]
। ऽ ।	ऽ ऽ ।	। ऽ ।	ऽ ऽ
सुखाःप्र	दोषादि	वसाश्च	रम्याः[3]
। ऽ ।	ऽ ऽ ।	। ऽ ।	ऽ ऽ
सर्वंप्रि	येचारु	तरंव	सन्ते[4]

। ऽ ।	ऽ ऽ ।	। ऽ ।	ऽ ऽ

पाद टिप्पणियाँ :

1. इस उपेंद्रवज्रा छंद की पहली पंक्ति में लघु अक्षर पु के आगे संयुक्त अक्षर ष्प आने से और लघु अक्षर प के आगे भी संयुक्त अक्षर द्म आने से अक्षर पु और प की लघु मात्राएँ दीर्घ सिद्ध हुई हैं.
2. इस वंशस्थ छंद की दूसरी पंक्ति में लघु अक्षर ग के आगे संयुक्त अक्षर न्ध आने से अक्षर ग की लघु मात्रा दीर्घ सिद्ध हुई है.
3. इस छंद की तीसरी पंक्ति में लघु अक्षर र के आगे संयुक्त अक्षर म्य आने से अक्षर र की लघु मात्रा दीर्घ सिद्ध हुई है.
4. इस छंद की चौथी पंक्ति में लघु अक्षर स के आगे संयुक्त अक्षर न्त आने से अक्षर स की लघु मात्रा दीर्घ सिद्ध हुई है.

(हे यक्षिणी!)

दोहा॰ पेड़ पुष्प से पृक्त हैं, समीर सौरभ युक्त ।
सुखद सौम्य दिन-रात हैं, सर्द हवा से मुक्त ।।

6.3

वापीजलानां मणिमेखलानां शशाङ्कभासां प्रमदाजनानाम् ।
चूतद्रुमाणां कुसुमानतानां ददाति सौभाग्यमयं वसन्तः ॥

ज त ज ग ग उपेंद्रवज्रा छंद

वापीज	लानांम	णिमेख	लानाम्
। ऽ ।	ऽ ऽ ।	। ऽ ।	ऽ ऽ
शशाङ्क	भासांप्र	मदाज	नानाम्
। ऽ ।	ऽ ऽ ।	। ऽ ।	ऽ ऽ
चूतद्रु[1]	माणांकु	सुमान	तानाम्
। ऽ ।	ऽ ऽ ।	। ऽ ।	ऽ ऽ
ददाति	सौभाग्य	मयंव	सन्तः[2]
। ऽ ।	ऽ ऽ ।	। ऽ ।	ऽ ऽ

पाद टिप्पणियाँ :

1. इस उपेंद्रवज्रा छंद की तीसरी पंक्ति में लघु अक्षर त के आगे संयुक्त अक्षर द्र आने से अक्षर त की लघु मात्रा दीर्घ सिद्ध हुई है.
2. इस छंद की चौथी पंक्ति में लघु अक्षर स के आगे संयुक्त अक्षर न्त आने से अक्षर स की लघु मात्रा दीर्घ सिद्ध हुई है.

(हे यक्षिणी!)

दोहा॰ **वसंत करता सुभगता, सहकार[4] को प्रदान ।**
बावलियों के नीर को, निर्मलता का दान ।।

चमकाता मणि–मेखला, उज्ज्वल चंद्र प्रकाश ।
अंगनाओं को चारुता, सुंदरता की आस ।।

6.4

कुसुम्भरागारुणितैर्दुकूलैर्नितम्बबिम्बानि विलासिनीनाम् ।
रक्तांशुकैः कुङ्कुमरागगौरैरलङ्क्रियन्ते स्तनमण्डलानि ॥

ज त ज ग ग उपेंद्रवज्रा छंद

कुसुम्भ 1	रागारु	णितैर्दु	कूलैः
। ऽ ।	ऽ ऽ ।	। ऽ ।	ऽ ऽ
नितम्ब 2	बिम्बानि 2	विलासि	नीनाम्
। ऽ ।	ऽ ऽ ।	। ऽ ।	ऽ ऽ
रक्तांशु	कैःकुङ्कु 3	मराग	गौरैः
। ऽ ।	ऽ ऽ ।	। ऽ ।	ऽ ऽ
अलङ्क्रि 4	यन्तेस्त 4	नमण्ड 4	लानि
। ऽ ।	ऽ ऽ ।	। ऽ ।	ऽ । *

* अंतिम 14 वीं लघु (।) मात्रा भी गुरु (ऽ) मानी गयी है.

पाद टिप्पणियाँ :

---

[4] **सहकार** = आम्र वृक्ष

1. इस उपेंद्रवज्रा छंद की पहली पंक्ति में लघु अक्षर सु के आगे संयुक्त अक्षर म्भ आने से अक्षर सु की लघु मात्रा दीर्घ सिद्ध हुई है.
2. इस छंद की दूसरी पंक्ति में लघु अक्षर त के आगे संयुक्त अक्षर म्ब आने से और लघु अक्षर बि के आगे भी संयुक्त अक्षर म्ब आने से अक्षर त और बि की लघु मात्राएँ दीर्घ सिद्ध हुई हैं.
3. इस छंद की तीसरी पंक्ति में लघु अक्षर कु के आगे संयुक्त अक्षर ङ्क आने से अक्षर कु की लघु मात्रा दीर्घ सिद्ध हुई है.
4. इस छंद की चौथी पंक्ति में लघु अक्षर ल के आगे संयुक्त अक्षर ङ्क्र आने से, लघु अक्षर य के आगे भी संयुक्त अक्षर न्त आने से और लघु अक्षर म के आगे संयुक्त अक्षर ण्ड आने से अक्षर ल, य और म की लघु मात्राएँ दीर्घ सिद्ध हुई हैं.

(हे यक्षिणी!)

दोहा॰ कुच–मंडल पर रमणियाँ, सजाय कुमकुम रंग ।
गौर वस्त्र हैं पहनती, उत्तेजक जो ढंग ।।

6.5

कर्णेषु योग्यं नवकर्णिकारं चलेषु नीलेष्वलकेष्वशोकम् ।
पुष्पञ्च फुल्लं नवमल्लिकायाः प्रयाति कान्तिं हि मदाजनानाम् ॥

त त ज ग ग इंद्रवज्रा छंद; ज त ज ग ग उपेंद्रवज्रा छंद

कर्णेषु[1]	योग्यंन	वकर्णि[1]	कारम्
ऽ ऽ ।	ऽ ऽ ।	। ऽ ।	ऽ ऽ
चलेषु	नीलेष्व	लकेष्व	शोकम्
। ऽ ।	ऽ ऽ ।	। ऽ ।	ऽ ऽ
पुष्पञ्च[2]	फुल्लंन[2]	वमल्लि[2]	कायाः
ऽ ऽ ।	ऽ ऽ ।	। ऽ ।	ऽ ऽ
प्रयाति	कान्तिंहि	मदाज	नानाम्
। ऽ ।	ऽ ऽ ।	। ऽ ।	ऽ ऽ

पाद टिप्पणियाँ :

1. इस इंद्रवज्रा छंद की पहली पंक्ति में लघु अक्षर क के आगे संयुक्त अक्षर र्ण

कालिदास के ऋतुसंहार की छंद मीमांसा

आने से अक्षर क की लघु मात्रा दीर्घ सिद्ध हुई है.

2. इस पद्य की तीसरी पंक्ति में लघु अक्षर ष्प के आगे संयुक्त अक्षर ञ्च आने से, लघु अक्षर फु के आगे भी संयुक्त अक्षर ल्ल आने से और लघु अक्षर म के आगे भी संयुक्त अक्षर ल्ल आने से अक्षर ष्प, फु और म की लघु मात्राएँ दीर्घ सिद्ध हुई हैं.

(हे यक्षिणी!)

दोहा॰ कानन कुण्डल डालती, कुसुम कनेर प्रयोग ।
चंचल काली अलक में, लोहित फूल अशोक ।।

6.6

स्तनेषु हाराः सितचन्दनार्द्राः भुजेषु सङ्गं वलयाङ्गदानि ।
प्रयान्त्यनङ्गातुरमानसानां विलासिनीनां जघनेषु काञ्च्यः ॥

ज त ज ग ग उपेंद्रवज्रा छंद

स्तनेषु	हाराःसि	तचन्द[1]	नार्द्राः
। ऽ ।	ऽ ऽ ।	। ऽ ।	ऽ ऽ
भुजेषु	सङ्गंव[2]	लयाङ्ग	दानि
। ऽ ।	ऽ ऽ ।	। ऽ ।	ऽ । *
प्रयान्त्य	नङ्गातु[3]	रमान	सानाम्
। ऽ ।	ऽ ऽ ।	। ऽ ।	ऽ ऽ
विलासि	नीनांज	घनेषु	काञ्च्यः
। ऽ ।	ऽ ऽ ।	। ऽ ।	ऽ ऽ

* अंतिम 14 वीं लघु (।) मात्रा भी गुरु (ऽ) मानी गयी है.

पाद टिप्पणियाँ :

1. इस उपेंद्रवज्रा छंद की पहली पंक्ति में लघु अक्षर च के आगे संयुक्त अक्षर न्द आने से अक्षर च की लघु मात्रा दीर्घ सिद्ध हुई है.
2. इस छंद की दूसरी पंक्ति में लघु अक्षर स के आगे संयुक्त अक्षर ङ्ग आने से अक्षर स की लघु मात्रा दीर्घ सिद्ध हुई है.
3. इस छंद की तीसरी पंक्ति में लघु अक्षर न के आगे भी संयुक्त अक्षर ङ्ग आने से अक्षर न की लघु मात्रा दीर्घ सिद्ध हुई है.

(और, हे यक्षिणी!)

दोहा० मदनातुर स्त्री पहनती, स्तन पर चंदन हार ।
       जघनस्थलों पर करधनी, फूलन का शृंगार ।।

6.7

सपत्रलेखेषु विलासिनीनां वक्त्रेषु हेमाम्बुरुहोपमेषु ।
रत्यन्तरे मौक्तिकसङ्गरम्यः स्वेदोद्गमो विस्तरतामुपैति ॥

ज त ज ग ग उपेंद्रवज्रा छंद; त त ज ग ग इंद्रवज्रा छंद

सपत्र[1]	लेखेषु	विलासि	नीनाम्
।ऽ।	ऽऽ।	।ऽ।	ऽऽ
वक्त्रेषु[2]	हेमाम्बु	रुहोप	मेषु
ऽऽ।	ऽऽ।	।ऽ।	ऽ।*
रत्यन्त[3]	रेमौक्ति	कसङ्ग[3]	रम्यः[3]
ऽऽ।	ऽऽ।	।ऽ।	ऽऽ
स्वेदोद्ग	मोविस्त[4]	रतामु	पैति
।ऽ।	ऽऽ।	।ऽ।	ऽ।*

* अंतिम 14 वीं लघु (।) मात्रा भो गुरु (ऽ) मानी गयी है।

पाद टिप्पणियाँ :

1. इस उपजाति छंद की पहली पंक्ति में लघु अक्षर प के आगे संयुक्त अक्षर त्र आने से अक्षर प की लघु मात्रा दीर्घ सिद्ध हुई है।

2. इस छंद की दूसरी पंक्ति में लघु अक्षर व के आगे संयुक्त अक्षर क्त्र आने से अक्षर व की लघु मात्रा दीर्घ सिद्ध हुई है।

3. इस छंद की तीसरी पंक्ति में लघु अक्षर र के आगे संयुक्त अक्षर त्य आने से, लघु अक्षर त्य के आगे भी संयुक्त अक्षर न्त आने से, लघु अक्षर स के आगे संयुक्त अक्षर ङ्ग आने से और लघु अक्षर र के आगे संयुक्त अक्षर म्य आने से र, त्य, स और र की लघु मात्राएँ दीर्घ सिद्ध हुई हैं।

4. इस छंद की चौथी पंक्ति में लघु अक्षर वि के आगे संयुक्त अक्षर स्त आने से अक्षर वि की लघु मात्रा दीर्घ सिद्ध हुई है।

(हे यक्षिणी!)

दोहा॰ सुंदरियों के भाल पर, चूड़ामणि शृंगार ।
स्वेद बिंदु की धार भी, लगती मोती हार ।।

6.8

उच्छ्वासयन्त्यः श्लथबन्धनानि गात्राणि कन्दर्पसमाकुलानि ।
समीपवर्तिष्वधुना प्रियेषु समुत्सुका एव भवन्ति नार्यः ॥

त त ज ग ग इंद्रवज्रा छंद; ज त ज ग ग उपेंद्रवज्रा छंद

उच्छ्वास[1]	यन्त्यःश्ल[1]	थबन्ध[1]	नानि
ऽ ऽ ।	ऽ ऽ ।	। ऽ ।	ऽ । *
गात्राणि	कन्दर्प[2]	समाकु	लानि
ऽ ऽ ।	ऽ ऽ ।	। ऽ ।	ऽ । *
समीप	वर्तिष्व[3]	धुनाप्रि	येषु
। ऽ ।	ऽ ऽ ।	। ऽ ।	ऽ । *
समुत्सु[4]	काएव	भवन्ति[4]	नार्यः
। ऽ ।	ऽ ऽ ।	। ऽ ।	ऽ ऽ

* अंतिम 14 वीं लघु (।) मात्रा भी गुरु (ऽ) मानी गयी है.

पाद टिप्पणियाँ :

1. इस उपजाति छंद की पहली पंक्ति में लघु अक्षर उ के आगे संयुक्त अक्षर च्छ्व आने से, लघु अक्षर य के आगे संयुक्त अक्षर न्त्य आने से और लघु अक्षर ब के आगे संयुक्त अक्षर न्ध आने से उ, य और ब की लघु मात्राएँ दीर्घ सिद्ध हुई हैं.
2. इस छंद की दूसरी पंक्ति में लघु अक्षर क के आगे संयुक्त अक्षर न्द आने से और लघु अक्षर न्द के आगे संयुक्त अक्षर र्प आने से अक्षर क और न्द की लघु मात्राएँ दीर्घ सिद्ध हुई हैं.
3. इस छंद की तीसरी पंक्ति में लघु अक्षर व के आगे संयुक्त अक्षर र्त आने से और लघु अक्षर र्ति के आगे संयुक्त अक्षर ष्व आने से अक्षर व और र्ति की लघु मात्राएँ दीर्घ सिद्ध हुई हैं.
4. इस छंद की चौथी पंक्ति में लघु अक्षर मु के आगे संयुक्त अक्षर त्स आने से

और लघु अक्षर व के आगे संयुक्त अक्षर न्त आने से अक्षर मु और व की लघु मात्राएँ दीर्घ सिद्ध हुई हैं.

(हे यक्षिणी! वसंत ऋतु में)

दोहा॰ बंधन जिनके पा रहे, कामदेव से क्लेश ।
रह कर पति के संग भी, उत्कंठित परिवेश ।।

6.9

तनूनि पाण्डूनि समन्थराणि मुहुर्मुहुर्जृम्भणतत्पराणि ।
अङ्गान्यनङ्गः प्रमदाजनस्य करोति लावण्यससंभ्रमाणि ॥

ज त ज ग ग उपेंद्रवज्रा छंद; त त ज ग ग इन्द्रवज्रा छंद

तनूनि	पाण्डूनि	समन्थ [1]	राणि
। ऽ ।	ऽ ऽ ।	। ऽ ।	ऽ । *
मुहुर्मु [2]	हुर्जृम्भ [2]	णतत्प [2]	राणि
। ऽ ।	ऽ ऽ ।	। ऽ ।	ऽ । *
अङ्गान्य [3]	नङ्गःप्र [3]	मदाज	नस्य [3]
ऽ ऽ ।	ऽ ऽ ।	। ऽ ।	ऽ । *
करोति	लावण्य [4]	ससंभ्र	माणि
। ऽ ।	ऽ ऽ ।	। ऽ ।	ऽ । *

* अंतिम 14 वीं लघु (।) मात्रा भी गुरु (ऽ) मानी गयी है.

पाद टिप्पणियाँ :

1. इस उपजाति छंद की पहली पंक्ति में लघु अक्षर म के आगे संयुक्त अक्षर न्थ आने से अक्षर म की लघु मात्रा दीर्घ सिद्ध हुई है.
2. इस छंद की दूसरी पंक्ति में पहले लघु अक्षर हु के आगे संयुक्त अक्षर र्म आने से, दूसरे लघु अक्षर हु के आगे संयुक्त अक्षर र्ज आने से, लघु अक्षर र्जृ के आगे संयुक्त अक्षर म्भ आने से और लघु अक्षर त के आगे संयुक्त अक्षर त्प आने से अक्षर हु, हु, र्जृ और त की लघु मात्राएँ दीर्घ सिद्ध हुई हैं.
3. इस छंद की तीसरी पंक्ति में लघु अक्षर अ के आगे संयुक्त अक्षर ङ्ग आने से, प्रथम लघु अक्षर न के आगे भी संयुक्त अक्षर ङ्ग आने से और अगले लघु अक्षर न के आगे संयुक्त अक्षर स्य आने से अक्षर अ, न और न की लघु मात्राएँ दीर्घ

सिद्ध हुई हैं.

4. इस छंद की चौथी पंक्ति में लघु अक्षर व के आगे संयुक्त अक्षर ण्य आने से अक्षर व और व की लघु मात्रा दीर्घ सिद्ध हुई है.

(और, हे यक्षिणी!)

दोहा॰ प्रमदाओं के देह को, कामदेव के बाण ।
आलस्य के प्रभाव से, कर न सके गतिमान ।।

6.10

नेत्रेषु लोलो मदिरालसेषु गण्डेषु पाण्डुः कठिनः स्तनेषु ।
मध्येषु नम्रो जघनेषु पीनः स्त्रीणामनङ्गो बहुधा स्थितोऽद्य ॥

त त ज ग ग इंद्रवज्रा छंद

नेत्रेषु	लोलोम	दिराल	सेषु
ऽ ऽ ।	ऽ ऽ ।	। ऽ ।	ऽ । *
गण्डेषु[1]	पाण्डुःक	ठिनःस्त	नेषु
ऽ ऽ ।	ऽ ऽ ।	। ऽ ।	ऽ । *
मध्येषु[2]	नम्रोज[2]	घनेषु	पीनः
ऽ ऽ ।	ऽ ऽ ।	। ऽ ।	ऽ ऽ
स्त्रीणाम	नङ्गोब[3]	हुधास्थि	तोऽद्य
ऽ ऽ ।	ऽ ऽ ।	। ऽ ।	ऽ । *

* अंतिम 14 वीं लघु (।) मात्रा भी गुरु (ऽ) मानी गयी है.

पाद टिप्पणियाँ :

1. इस इंद्रवज्रा छंद की दूसरी पंक्ति में लघु अक्षर ग के आगे संयुक्त अक्षर ण्ड आने से अक्षर ग की लघु मात्रा दीर्घ सिद्ध हुई है.
2. इस छंद की तीसरी पंक्ति में लघु अक्षर म के आगे संयुक्त अक्षर ध्य आने से और लघु अक्षर न के आगे संयुक्त अक्षर म्र आने से अक्षर म और न की लघु मात्राएँ दीर्घ सिद्ध हुई हैं.
3. इस छंद की चौथी पंक्ति में लघु अक्षर न के आगे संयुक्त अक्षर ङ्ग आने से अक्षर न लघु मात्रा दीर्घ सिद्ध हुई है.

(और भी, हे यक्षिणी!)

दोहा॰ **प्रमदाओं के देह में, कामदेव का वास ।**
भाँति-भाँति की रीति से, करता उन्हें उदास ।।

वसंत ऋतु के काल में, पांडु रंग के गाल ।
स्थूल कमर, स्तन दुख भरे, चंचल लोचन लाल ।।

6.11

अङ्गानि निद्रालसविभ्रमाणि वाक्यानि किंचिन्मदिरालसानि ।
भ्रूक्षेपजिह्मानि च वीक्षितानि चकार कामः प्रमदाजनानाम् ॥

त त ज ग ग इंद्रवज्रा छंद; ज त ज ग ग उपेंद्रवज्रा छंद

अङ्गानि[1]	निद्राल[1]	सविभ्र[1]	माणि
ऽ ऽ ।	ऽ ऽ ।	। ऽ ।	ऽ । *
वाक्यानि	किंचिन्म[2]	दिराल	सानि
ऽ ऽ ।	ऽ ऽ ।	। ऽ ।	ऽ । *
भ्रूक्षेप	जिह्मानि[3]	चवीक्षि	तानि
ऽ ऽ ।	ऽ ऽ ।	। ऽ ।	ऽ । *
चकार	कामःप्र	मदाज	नानाम्
। ऽ ।	ऽ ऽ ।	। ऽ ।	ऽ ऽ

* अंतिम 14 वीं लघु (।) मात्रा भी गुरु (ऽ) मानी गयी है.

पाद टिप्पणियाँ :

1. इस उपजाति छंद की पहली पंक्ति में लघु अक्षर अ के आगे संयुक्त अक्षर ङ्ग आने से, लघु अक्षर नि के आगे भो संयुक्त अक्षर द्र आने से और लघु अक्षर वि के आगे संयुक्त अक्षर भ्र आने से अक्षर अ, नि और वि की लघु मात्राएँ दीर्घ सिद्ध हुई हैं.
2. इस उपजाति छंद की दूसरी पंक्ति में लघु अक्षर चि के आगे संयुक्त अक्षर ह्म आने से अक्षर चि की ल्घु मात्रा दीर्घ सिद्ध हुई है.
3. इस छंद की तीसरी पंक्ति में लघु अक्षर जि के आगे संयुक्त अक्षर ह्म आने से अक्षर जि की लघु मात्रा दीर्घ सिद्ध हुई है.

(और)

दोहा॰ इस मौसम में नारियाँ, निद्रा आलस युक्त ।
वाणी में मद–चारुता, भौंहें कपट प्रयुक्त ।।

6.12

प्रियङ्गुकालीयककुङ्कुमाक्तं स्तनेषु गौरेषु विलासिनीभिः ।
आलिप्यते चन्दनमङ्गनाभिर्मदालसाभिर्मृगनाभियुक्तम् ॥

ज त ज ग ग उपेंद्रवज्रा छंद; त त ज ग ग इंद्रवज्रा छंद

प्रियङ्गु[1]	कालीय	ककुङ्कु[1]	माक्तम्
। ऽ ।	ऽ ऽ ।	। ऽ ।	ऽ ऽ
स्तनेषु	गौरेषु	विलासि	नीभिः
। ऽ ।	ऽ ऽ ।	। ऽ ।	ऽ ऽ
आलिप्य[2]	तेचन्द[2]	नमङ्ग[2]	नाभिः
ऽ ऽ ।	ऽ ऽ ।	। ऽ ।	ऽ ऽ
मदाल	साभिर्मृ[3]	गनाभि	युक्तम्[3]
। ऽ ।	ऽ ऽ ।	। ऽ ।	ऽ ऽ

पाद टिप्पणियाँ :

1. इस उपजाति छंद की प्रथम पंक्ति में लघु अक्षर य के आगे संयुक्त अक्षर ङ्ग आने से और लघु अक्षर कु के आगे संयुक्त अक्षर ङ्कु आने से अक्षर य और कु की लघु मात्राएँ दीर्घ सिद्ध हुई हैं.
2. इस उपजाति छंद की तीसरी पंक्ति में लघु अक्षर लि के आगे संयुक्त अक्षर प्य आने से, लघु अक्षर च के आगे संयुक्त अक्षर न्द आने से और लघु अक्षर म के आगे संयुक्त अक्षर ङ्ग आने से अक्षर लि, च और म की लघु मात्राएँ दीर्घ सिद्ध हुई हैं.
3. इस छंद की चौथी पंक्ति में लघु अक्षर भि के आगे संयुक्त अक्षर र्म आने से और लघु अक्षर यु के आगे संयुक्त अक्षर क्त आने से अक्षर भि और यु की लघु मात्राएँ दीर्घ सिद्ध हुई हैं.

(हे यक्षिणी!)

दोहा॰ इस मौसम में नारियाँ, स्तन पर मलती लेप ।
कुमकुम-केसर-कस्तूरी, चंदन दिन प्रत्येक ।।

6.13

गुरूणि वासांसि विहाय तूर्णं तनूनि लाक्षारसरञ्जितानि ।
सुगन्धिकालागरुधूपितानि धत्ते जनः काममदालसाङ्गः ॥

ज त ज ग ग उपेंद्रवज्रा छंद, त त ज ग ग इंद्रवज्रा छंद

गुरूणि	वासांसि	विहाय	तूर्णं
। ऽ ।	ऽ ऽ ।	। ऽ ।	ऽ ऽ
तनूनि	लाक्षार्	सरञ्जि [1]	तानि
। ऽ ।	ऽ ऽ ।	। ऽ ।	ऽ । *
सुगन्धि [2]	कालाग	रुधूपि	तानि
। ऽ ।	ऽ ऽ ।	। ऽ ।	ऽ । *
धत्तेज [3]	नःकाम	मदाल	साङ्गः
ऽ ऽ ।	ऽ ऽ ।	। ऽ ।	ऽ ऽ

* अंतिम 14 वीं लघु (।) मात्रा भी गुरु (ऽ) मानी गयी है.

पाद टिप्पणियाँ :

1. इस उपजाति छंद की दूसरी पंक्ति में लघु अक्षर र के आगे संयुक्त अक्षर ञ्ज आने से अक्षर र की लघु मात्रा दीर्घ सिद्ध हुई है.
2. इस छंद की तीसरी पंक्ति में लघु अक्षर ग के आगे संयुक्त अक्षर न्ध आने से अक्षर र की लघु मात्रा दोर्घ सिद्ध हुई है.
3. इस छंद की चौथी पंक्ति में लघु अक्षर ध के आगे संयुक्त अक्षर त्त आने से अक्षर ध की लघु मात्रा दीर्घ सिद्ध हुई है और उपजाति छंद सिद्ध हुआ है.

(हे यक्षिणी!)

दोहा॰ वसंत में नर-नारियाँ, मोटे कपड़े छोड़ ।
हलक कपड़े डालते, रंग भरे बेजोड़ ।।

रंग बना कर लाख का, सुंदर कला ललाम ।
सुवास भरते अगर का, वस्त्रों पर अभिराम ।।

6.14

पुंस्कोकिलश्चूतरसासवेन मत्तः प्रियां चुम्बति रागहृष्टः ।
कुजद्द्विरेफोऽप्ययमम्बुजस्थः प्रियं प्रियायाः प्रकरोति चाटु ॥

त त ज ग ग इंद्रवज्रा छंद; ज त ज ग ग उपेंद्रवज्रा छंद

पुंस्कोकि	लश्चूत[1]	रसास	वेन
ऽ ऽ ।	ऽ ऽ ।	। ऽ ।	ऽ । *
मत्तःप्रि[2]	यांचुम्ब[2]	तिराग	हृष्टः[2]
ऽ ऽ ।	ऽ ऽ ।	। ऽ ।	ऽ ऽ
कुजद्द्वि[3]	रेफोऽप्य	यमम्बु[3]	जस्थः[3]
। ऽ ।	ऽ ऽ ।	। ऽ ।	ऽ ऽ
प्रियंप्रि	यायाःप्र	करोति	चाटु
। ऽ ।	ऽ ऽ ।	। ऽ ।	ऽ । *

* अंतिम 14 वीं लघु (।) मात्रा भी गुरु (ऽ) मानी गयी है.

पाद टिप्पणियाँ :

1. इस उपजाति छंद की प्रथम पंक्ति में लघु अक्षर ल के आगे संयुक्त अक्षर श्च आने से अक्षर ल की लघु मात्रा दीर्घ सिद्ध हुई है.
2. इस उपजाति छंद की दूसरी पंक्ति में लघु अक्षर म के आगे संयुक्त अक्षर त्त आने से, लघु अक्षर चु के आगे संयुक्त अक्षर म्ब आने से और लघु अक्षर हृ के आगे संयुक्त अक्षर ष्ट आने से अक्षर म, चु और हृ की लघु मात्राएँ दीर्घ सिद्ध हुई हैं.
3. इस छंद की तीसरी पंक्ति में प्रथम लघु अक्षर ज के आगे संयुक्त अक्षर द्व आने से, लघु अक्षर म के आगे संयुक्त अक्षर म्ब आने से और लघु अक्षर द्वितीय ज के आगे संयुक्त अक्षर स्थ आने से पहला अक्षर ज, म और दूसरे ज की लघु मात्राएँ दीर्घ सिद्ध हुई हैं.

दोहा० **कोकिल पक्षी आम्र पर, गा कर मंगल गान ।**
चूम रहा है कोकिला, वसंत की पहचान ।।

भौंरे हैं मँडरा रहे, कमलों पर मनहार ।

चूम रहे हैं भौंरियाँ, और कर रहे प्यार ।।

6.15

तामप्रवालस्तवकावनम्राश्चूतद्रुमाः पुष्पितचारुशाखाः ।
कुर्वन्ति कामं पवनावधूताः पर्युत्सुकं मानसमङ्गनानाम् ॥

त त ज ग ग इंद्रवज्रा छंद

ताम्रप्र[1]	वालस्त[1]	वकाव	नम्राः[1]
ऽ ऽ ।	ऽ ऽ ।	। ऽ ।	ऽ ऽ
चूतद्रु[2]	माःपुष्पि[2]	तचारु	शाखाः
ऽ ऽ ।	ऽ ऽ ।	। ऽ ।	ऽ ऽ
कुर्वन्ति[3]	कामंप	वनाव	धूताः
ऽ ऽ ।	ऽ ऽ	। ऽ ।	ऽ ऽ
पर्युत्सु[4]	कंमान	समङ्ग[4]	नानाम्
ऽ ऽ ।	ऽ ऽ ।	। ऽ ।	ऽ ऽ

पाद टिप्पणियाँ :

1. इस इंद्रवज्रा छंद की प्रथम पंक्ति में लघु अक्षर म्र के आगे संयुक्त अक्षर प्र आने से, लघु अक्षर ल के आगे संयुक्त अक्षर स्त आने से और लघु अक्षर न के आगे संयुक्त अक्षर म्न आने से अक्षर म्र, ल और न की लघु मात्राएँ दीर्घ सिद्ध हुई हैं.
2. इस छंद की दूसरी पंक्ति में लघु अक्षर त के आगे संयुक्त अक्षर द्र आने से और लघु अक्षर पु के आगे संयुक्त अक्षर ष्प आने से अक्षर त और पु की लघु मात्राएँ दीर्घ सिद्ध हुई हैं.
3. इस छंद की तीसरी पंक्ति में लघु अक्षर कु के आगे संयुक्त अक्षर र्व आने से और लघु अक्षर र्व के आगे संयुक्त अक्षर न्त आने से अक्षर कु और र्व की लघु मात्राएँ दीर्घ सिद्ध हुई हैं.
4. इस छंद की चौथी पंक्ति में लघु अक्षर प के आगे संयुक्त अक्षर र्य आने से, लघु अक्षर र्यु के आगे संयुक्त अक्षर त्स आने से और लघु अक्षर म के आगे संयुक्त अक्षर ङ्ग आने से अक्षर प, र्यु और म की लघु मात्राएँ दीर्घ सिद्ध हुई हैं.

(आम्र)

दोहा० **नए लाल मृदु पर्ण के, आमों के वृक्ष विशाल ।**
हिले हवा के झोंक से, तरुवर की हर डाल ।।

सौरभ तरु के मौर का, पवन झोंक से मंद ।
ललनाओं के हृदय को, देता है आनंद ।।

6.16

आमूलतो विद्रुमरागताम्रं सपल्लवं पुष्पचयं दधानाः ।
कुर्वन्त्यशोका हृदयं सशोकं निरीक्ष्यमाणा नवयौवनानाम् ॥

त त ज ग ग इंद्रवज्रा छंद; ज त ज ग ग उपेंद्रवज्रा छंद

आमूल	तोविद्रु[1]	मराग	ताम्रम्
ऽ ऽ ।	ऽ ऽ ।	। ऽ ।	ऽ ऽ
सपल्ल[2]	वंपुष्प[2]	चयंद	धानाः
। ऽ ।	ऽ ऽ ।	। ऽ ।	ऽ ऽ
कुर्वन्त्य[3]	शोकाहृ	दयंस	शोकम्
ऽ ऽ ।	ऽ ऽ ।	। ऽ ।	ऽ ऽ
निरीक्ष्य	माणान	वयौव	नानाम्
। ऽ ।	ऽ ऽ ।	। ऽ ।	ऽ ऽ

पाद टिप्पणियाँ :

1. इस उपजाति छंद की पहली पंक्ति में लघु अक्षर वि के आगे संयुक्त अक्षर द्र आने से अक्षर वि की लघु मात्रा दीर्घ सिद्ध हुई है.
2. इस छंद की दूसरी पंक्ति में लघु अक्षर स के आगे संयुक्त अक्षर ल्ल आने से लघु अक्षर पु के आगे संयुक्त अक्षर ष्प आने से अक्षर प और पु की लघु मात्राएँ दीर्घ सिद्ध हुई हैं.
3. इस छंद की तीसरी पंक्ति में लघु अक्षर र्व के आगे संयुक्त अक्षर न्त्य आने से अक्षर र्व की लघु मात्रा दीर्घ सिद्ध हुई है, और उपजाति छंद सिद्ध हुआ है.

दोहा० **भौंरों ने चूसी हुई, मंजरियाँ सुकमार ।**

आंदोलित जब पवन से, अदा जायकेदार ।।

6.17

मत्तद्विरेफपरिचुम्बितचारुपुष्पा मन्दानिलाकुलितनम्रमृदुप्रवालाः ।
कुर्वन्ति कामिमनसां सहसोत्सुकत्वं चूताभिरामकलिकाः समवेक्ष्यमाणाः ॥

त भ ज ज ग ग वसंततिलका छंद

मत्तद्वि [1]	रेफप	रिचुम्बि [1]	तचारु	पुष्पा [1]
ऽ ऽ ।	ऽ । ।	। ऽ ।	। ऽ ।	ऽ ऽ
मन्दानि [2]	लाकुलि	तनम्र [2]	मृदुप्र [2]	वालाः
ऽ ऽ ।	ऽ । ।	। ऽ ।	। ऽ ।	ऽ ऽ
कुर्वन्ति [3]	कामिम	नसांस	हसोत्सु	कत्वम् [3]
ऽ ऽ ।	ऽ । ।	। ऽ ।	। ऽ ।	ऽ ऽ
चूताभि	रामक	लिकाःस	मवेक्ष्य	माणाः
ऽ ऽ ।	ऽ । ।	। ऽ ।	। ऽ ।	ऽ ऽ

पाद टिप्पणियाँ :

1. इस वसंततिलका छंद की प्रथम पक्ति में लघु अक्षर म के आगे संयुक्त अक्षर त्त आने से, लघु अक्षर त्त के आगे संयुक्त अक्षर द्व आने से, लघु अक्षर चु के आगे संयुक्त अक्षर म्ब आने से और लघु अक्षर पु के आगे संयुक्त अक्षर ष्प आने से अक्षर म, त्त, चु और पु की लघु मात्राएँ दीर्घ सिद्ध हुई हैं.
2. इस छंद की दूसरी पंक्ति में लघु अक्षर म के आगे संयुक्त अक्षर न्द आने से, लघु अक्षर न के आगे संयुक्त अक्षर म्र आने से और लघु अक्षर दु के आगे संयुक्त अक्षर प्र आने से अक्षर न, न और दु की लघु मात्राएँ दीर्घ सिद्ध हुई हैं.
3. इस छंद की तीसरी पंक्ति में लघु अक्षर कु के आगे संयुक्त अक्षर र्व आने से, लघु अक्षर र्व के आगे संयुक्त अक्षर न्त आने से और लघु अक्षर क के आगे संयुक्त अक्षर त्व आने से अक्षर कु, र्व और क की लघु मात्राएँ दीर्घ सिद्ध हुई हैं.

(अशोक)

दोहा॰ प्रसून लाल अशोक के, मूँगा रत्न समान ।

महिलाओं के दय को, देता रम्य रुझान ।।

कामी जन के चित्त को, करती है बेचैन ।
वसंत ऋतु में आम्र को, ओर रसिक के नैन ।।

6.18

कान्तामुखद्युतिजुषामचिरोद्गतानां शोभां परां कुरबकद्रुममञ्जरीणाम् ।
दृष्ट्वा प्रिये सहृदयस्य भवेन्न कस्य कन्दर्पबाणपतनव्यथितं हि चेतः ॥

त भ ज ज ग ग वसंततिलका छंद

कान्तामु	खद्युति [1]	जुषाम	चिरोद्ग	तानाम्
ऽ ऽ ।	ऽ । ।	। ऽ ।	। ऽ ।	ऽ ऽ
शोभांप	रांकुर	बकद्रु [2]	ममञ्ज [2]	रीणाम्
ऽ ऽ ।	ऽ । ।	। ऽ ।	। ऽ ।	ऽ ऽ
दृष्ट्वाप्रि [3]	येसहृ	दयस्य [3]	भवेन्न	कस्य [3]
ऽ ऽ ।	ऽ । ।	। ऽ ।	। ऽ ।	ऽ । *
कन्दर्प [4]	बाणप	तनव्य [4]	थितंहि	चेतः
ऽ ऽ ।	ऽ । ।	। ऽ ।	। ऽ ।	ऽ ऽ

* अंतिम 14 वीं लघु (।) मात्रा भी गुरु (ऽ) मानी गयी है.

पाद टिप्पणियाँ :

1. इस वसंततिलका छंद की पहली पंक्ति में लघु अक्षर ख के आगे संयुक्त अक्षर द्य आने से अक्षर ख की लघु मात्रा दीर्घ सिद्ध हुई है.
2. इस वसंततिलका छंद की द्वितीय पंक्ति में लघु अक्षर क के आगे संयुक्त अक्षर द्र आने से और लघु अक्षर म के आगे संयुक्त अक्षर ञ्ज आने से अक्षर क और म की लघु मात्राएँ दीर्घ सिद्ध हुई हैं.
3. इस छंद की तीसरी पंक्ति में लघु अक्षर दृ के आगे संयुक्त अक्षर ष्ट्व आने से, लघु अक्षर य के आगे संयुक्त अक्षर स्य आने से और लघु अक्षर क के भी आगे संयुक्त अक्षर स्य आने से अक्षर दृ, य और क की लघु मात्राएँ दीर्घ सिद्ध हुई हैं.
4. इस वसंततिलका छंद की चौथी पंक्ति में लघु अक्षर क के आगे संयुक्त अक्षर न्द आने से, लघु अक्षर न्द के आगे संयुक्त अक्षर र्प आने से और लघु अक्षर

न के आगे संयुक्त अक्षर व्य आने से अक्षर क, न्द और न की लघु मात्राएँ दीर्घ सिद्ध हुई हैं.

(कुरबक)

दोहा॰ कुरबक तरु के अध-खिले, निहार कोंपल लाल ।
किस प्रेमी का मन न हो, उत्सुक और निहाल ।।

6.19

आदीप्तवह्निसदृशैरपयातपत्रैः सर्वत्र किंशुकवनैः कुसुमावनम्रैः ।
सद्यो वसन्तसमये हि समागतेयं रक्तांशुका नववधूरिव भाति भूमिः ॥

त भ ज ज ग ग वसंततिलका छंद

आदीप्त	वह्निस[1]	दृशैर	पयात	पत्रैः[1]
ऽ ऽ ।	ऽ । ।	। ऽ ।	। ऽ ।	ऽ ऽ
सर्वत्र[2]	किंशुक	वनैःकु	सुमाव	नम्रैः[2]
ऽ ऽ ।	ऽ । ।	। ऽ ।	। ऽ ।	ऽ ऽ
सद्योव[3]	सन्तस[3]	मयेहि	समाग	तेयम्
ऽ ऽ ।	ऽ । ।	। ऽ ।	। ऽ ।	ऽ ऽ
रक्तांशु[4]	कानव	वधूरि	वभाति	भूमिः
ऽ ऽ ।	ऽ । ।	। ऽ ।	। ऽ ।	ऽ ऽ

पाद टिप्पणियाँ :

1. इस वसंततिलका छंद की पहली पंक्ति में लघु अक्षर व के आगे संयुक्त अक्षर ह्न आने से और लघु अक्षर प के आगे संयुक्त अक्षर त्र आने से अक्षर व और प की लघु मात्राएँ दीर्घ सिद्ध हुई हैं.
2. इस वसंततिलका छंद को द्वितीय पंक्ति में लघु अक्षर स के आगे संयुक्त अक्षर र्व आने से, लघु अक्षर र्व के आगे संयुक्त अक्षर त्र आने से और लघु अक्षर न के आगे संयुक्त अक्षर म्र अक्षर स, र्व और न की लघु मात्राएँ दीर्घ सिद्ध हुई हैं.
3. इस छंद की तीसरी पंक्ति में प्रथम लघु अक्षर स के आगे संयुक्त अक्षर द्य आने से और द्वितीय लघु अक्षर स के आगे संयुक्त अक्षर न्त आने से दोनों वर्ण स

की लघु मात्राएँ दीर्घ सिद्ध हुई हैं.

4. इस वसंततिलका छंद की चौथी पंक्ति में लघु अक्षर र के आगे संयुक्त अक्षर क्त आने से अक्षर र की लघु मात्रा दीर्घ सिद्ध हुई है.

(पलाश)

दोहा॰ **"वन-की-ज्वाला" जो कहे, लाल प्रसून पलाश ।**
वसंत में है चमकता, पड़ते सूर्य प्रकाश ।।

पुष्प-भार से नम्र जो, पेड़ पलाश विशाल ।
लगे लाल परियाँ खड़ी, भू पर लिए मशाल ।।

6.20

किं किंशुकैः शुकमुखच्छविभिर्न भिन्नं किं कर्णिकारकुसुमैर्न कृतं न दग्धम् ।
यत्कोकिलः पुनरयं मधुरैर्वचोभिर्यूनां मनः सुवदनानिहितं निहन्ति ॥

त भ ज ज ग ग वसंततिलका छंद

किंकिंशु	कैःशुक	मुखच्छ[1]	विभिर्न[1]	भिन्नम्[1]
ऽ ऽ ।	ऽ । ।	। ऽ ।	। ऽ ।	ऽ ऽ
किंकर्णि[2]	कारकु	सुमैर्न	कृतंन	दग्धम्[2]
ऽ ऽ ।	ऽ । ।	। ऽ ।	। ऽ ।	ऽ ऽ
यत्कोकि[3]	लःपुन	रयंम	धुरैर्व	चोभिः
ऽ ऽ ।	ऽ । ।	। ऽ ।	। ऽ ।	ऽ ऽ
यूनांम	नःसुव	दनानि	हितंनि	हन्ति[4]
ऽ ऽ ।	ऽ । ।	। ऽ ।	। ऽ ।	ऽ । *

* अंतिम 14 वीं लघु (।) मात्रा भी गुरु (ऽ) मानी गयी है.

पाद टिप्पणियाँ :

1. इस वसंततिलका छंद की पहली पंक्ति में लघु अक्षर ख के आगे संयुक्त अक्षर च्छ आने से, पहले लघु अक्षर भि के आगे संयुक्त अक्षर र्न आने से और दूसरे लघु अक्षर भि के आगे संयुक्त अक्षर न्न आने से अक्षर ख और दोनों अक्षर भि की लघु मात्राएँ दीर्घ सिद्ध हुई हैं.

2. इस वसंततिलका छंद की द्वितीय पंक्ति में लघु अक्षर क के आगे संयुक्त अक्षर

र्ण आने से और लघु अक्षर द के आगे संयुक्त अक्षर ग्ध आने से अक्षर क और द की लघु मात्राएँ दीर्घ सिद्ध हुई हैं.

3. इस छंद की तीसरी पंक्ति में लघु अक्षर य के आगे संयुक्त अक्षर त्क आने से अक्षर य की लघु मात्रा दीर्घ सिद्ध हुई है.
4. इस वसंततिलका छंद को चौथी पंक्ति में लघु अक्षर ह के आगे संयुक्त अक्षर न्त आने से अक्षर ह की लघु मात्रा दीर्घ सिद्ध हुई है.

(और)

दोहा॰ **फूल पलाश के लगे, खग तोते की चोंच ।**
लाल रंग वह आग सा, विदीर्ण करते सोच ।।

(कनेर)

दोहा॰ **कोमल कुसुम कनेर के, करते कलित कमाल ।**
कोंपल-कलियाँ ना किसे, कर देंगे बेहाल ।।

(कोयल)

दोहा॰ **आम्र पेड़ पर कोयलें, करती सुमधुर गान ।**
करती कर्षित चित्त को, कुहू-कुहू की तान ।।

6.21

पुंस्कोकिलैः कलवचोभिरुपात्तहर्षैः गुञ्जद्भिरुन्मदकलानि वचांसि भृङ्गैः ।
लज्जान्वितं सविनयं हृदयं क्षणेन पर्याकुलं कुलगृहेऽपि कृतं वधूनाम् ॥

त भ ज ज ग ग वसंततिलका छंद

पुंस्कोकि	लैःकल	वचोभि	रुपात्त	हर्षैः [1]
ऽ ऽ ।	ऽ । ।	। ऽ ।	। ऽ ।	ऽ ऽ
गुञ्जद्भि [2]	रुन्मद [2]	कलानि	वचांसि	भृङ्गैः [2]
ऽ ऽ ।	ऽ । ।	। ऽ ।	। ऽ ।	ऽ ऽ
लज्जान्वि [3]	तंसवि	नयंहृ	दयंक्ष	णेन
ऽ ऽ ।	ऽ । ।	। ऽ ।	। ऽ ।	ऽ । *
पर्याकु [4]	लंकुल	गृहेऽपि	कृतंव	धूनाम्

ऽ ऽ ।	ऽ । ।	। ऽ ।	। ऽ ।	ऽ ऽ

* अंतिम 14 वीं लघु (।) मात्रा भी गुरु (ऽ) मानी गयी है.

पाद टिप्पणियाँ :

1. इस वसंततिलका छंद की पहली पंक्ति में लघु अक्षर ह के आगे संयुक्त अक्षर र्ष आने से अक्षर ह की लघु मात्रा दीर्घ सिद्ध हुई है.
2. इस वसंततिलका छंद की द्वितीय पंक्ति में लघु अक्षर गु के आगे संयुक्त अक्षर ञ्ज आने से, लघु अक्षर ञ्ज के आगे संयुक्त अक्षर द्र आने से, लघु अक्षर रु के आगे संयुक्त अक्षर न्म आने से और लघु अक्षर भृ के आगे संयुक्त अक्षर ङ्ग आने से अक्षर गु, ञ्ज, रु और भृ की लघु मात्राएँ दीर्घ सिद्ध हुई हैं.
3. इस छंद की तीसरी पंक्ति में लघु अक्षर ल के आगे संयुक्त अक्षर ज्ज आने से अक्षर ल की लघु मात्रा दीर्घ सिद्ध हुई है.
4. इस वसंततिलका छंद की चौथी पंक्ति में लघु अक्षर प के आगे संयुक्त अक्षर र्य आने से अक्षर प की लघु मात्रा दीर्घ सिद्ध हुई है.

(भौंरे)

दोहा॰ **भौंरों के गुंजार से, मुग्ध सभी के कर्ण ।**
ललनाओं के गुदगुदे, होते हृदय विदीर्ण ।।

6.22

आकम्पयन्कुसुमिताः सहकारशाखा विस्तारयन्परभृतस्य वचांसि दिक्षु ।
वायुर्विवाति हृदयानि हरन्नराणां नीहारपातविगमात्सुभगो वसन्ते ॥

त भ ज ज ग ग वसंततिलका छंद

आकम्प[1]	यन्कुसु[1]	मिताःस	हकार	शाखा
ऽ ऽ ।	ऽ । ।	। ऽ ।	। ऽ ।	ऽ ऽ
विस्तार[2]	यन्पर[2]	भृतस्य[2]	वचांसि	दिक्षु[2]
ऽ ऽ ।	ऽ । ।	। ऽ ।	। ऽ ।	ऽ । *
वायुर्वि[3]	वातिहृ	दयानि	हरन्न[3]	राणाम्
ऽ ऽ ।	ऽ । ।	। ऽ ।	। ऽ ।	ऽ ऽ
नीहार	पातवि	गमात्सु	भगोव	सन्ते[4]

ऽ ऽ ।	ऽ । ।	। ऽ ।	। ऽ ।	ऽ ऽ

* अंतिम 14 वीं लघु (।) मात्रा भी गुरु (ऽ) मानी गयी है.

पाद टिप्पणियाँ :

1. इस वसंततिलका छंद की पहली पंक्ति में लघु अक्षर क के आगे संयुक्त अक्षर म्प आने से और लघु अक्षर य के आगे संयुक्त अक्षर न्क आने से अक्षर क और य की लघु मात्राएँ दीर्घ सिद्ध हुई हैं.
2. इस वसंततिलका छंद की द्वितीय पंक्ति में लघु अक्षर वि के आगे संयुक्त अक्षर स्त आने से, लघु अक्षर य के आगे संयुक्त अक्षर न्प आने से, लघु अक्षर त के आगे संयुक्त अक्षर स्य आने से और लघु अक्षर दि के आगे संयुक्त अक्षर क्ष आने से अक्षर वि, य, त और दि की लघु मात्राएँ दीर्घ सिद्ध हुई हैं.
3. इस छंद की तीसरी पंक्ति में लघु अक्षर यु के आगे संयुक्त अक्षर र्व आने से और लघु अक्षर र के आगे संयुक्त अक्षर ब्र आने से अक्षर यु और र की लघु मात्राएँ दीर्घ सिद्ध हुई हैं.
4. इस वसंततिलका छंद की चौथी पंक्ति में लघु अक्षर स के आगे संयुक्त अक्षर न्त आने से अक्षर स की लघु मात्रा दीर्घ सिद्ध हुई है.

(पवन)

दोहा॰ तुषार वाला पवन ये, वसंत ऋतु का खास ।
करता पुलकित चित्त है, करके दूर भड़ास ।।

6.23

कुन्दैः सविभ्रमवधूहसितावदातैरुद्योतितान्युपवनानि मनोहराणि ।
चित्तं मुनेरपि हरन्ति निवृत्तरागं प्रागेव रागमलिनानि मनांसि यूनाम् ॥

त भ ज ज ग ग वसंततिलका छंद

कुन्दैःस[1]	विभ्रम[1]	वधूह	सिताव	दातैः
ऽ ऽ ।	ऽ । ।	। ऽ ।	। ऽ ।	ऽ ऽ
उद्योति[2]	तान्युप	वनानि	मनोह	राणि
ऽ ऽ ।	ऽ । ।	। ऽ ।	। ऽ ।	ऽ । *
चित्तंमु[3]	नेरपि	हरन्ति[3]	निवृत्त[3]	रागम्
ऽ ऽ ।	ऽ । ।	। ऽ ।	। ऽ ।	ऽ ऽ

कालिदास के ऋतुसंहार की छंद मीमांसा

प्रागेव	रागम	लिनानि	मनांसि	यूनाम्
ऽ ऽ ।	ऽ । ।	। ऽ ।	। ऽ ।	ऽ ऽ

* अंतिम 14 वीं लघु (।) मात्रा भी गुरु (ऽ) मानी गयी है.

पाद टिप्पणियाँ :

1. इस वसंततिलका छंद की पहली पंक्ति में लघु अक्षर कु के आगे संयुक्त अक्षर न्द आने से और लघु अक्षर वि के आगे संयुक्त अक्षर भ्र आने से अक्षर कु और वि की लघु मात्राएँ दीर्घ सिद्ध हुई हैं.
2. इस वसंततिलका छंद की द्वितीय पंक्ति में लघु अक्षर उ के आगे संयुक्त अक्षर द्य आने से अक्षर उ की लघु मात्रा दीर्घ सिद्ध हुई है.
3. इस छंद की तीसरी पंक्ति में लघु अक्षर चि के आगे संयुक्त अक्षर त्त आने से, लघु अक्षर र के आगे संयुक्त अक्षर न्त आने से और लघु अक्षर वृ के आगे संयुक्त अक्षर त्त आने से अक्षर चि, र और वृ की लघु मात्राएँ दीर्घ सिद्ध हुई हैं.

(और, हे प्रिये!)

दोहा॰ कुन्द सुमन सुगंध से, युक्त पवन स्वच्छंद ।
मुग्ध पुरुष के हृदय को, देता है आनंद ।।

6.24

आलम्बिहेमरशनाः स्तनसक्तहाराः कन्दर्पदर्पशिथिलीकृतगात्रयष्ट्यः ।
मासे मधौ मधुरकोकिलभृङ्गनादैर्नार्यो हरन्ति हृदयं प्रसभं नराणाम् ॥

त भ ज ज ग ग वसंततिलका छंद

आलम्बि[1]	हेमर	शनाःस्त	नसक्त[1]	हाराः
ऽ ऽ ।	ऽ । ।	। ऽ ।	। ऽ ।	ऽ ऽ
कन्दर्प[2]	दर्पशि[2]	थिलीकृ	तगात्र	यष्ट्यः[2]
ऽ ऽ ।	ऽ । ।	। ऽ ।	। ऽ ।	ऽ ऽ
मासेम	धौमधु	रकोकि	लभृङ्ग[3]	नादैः
ऽ ऽ ।	ऽ । ।	। ऽ ।	। ऽ ।	ऽ ऽ
नार्योह	रन्तिहृ[4]	दयंप्र	सभंन	राणाम्
ऽ ऽ ।	ऽ । ।	। ऽ ।	। ऽ ।	ऽ ऽ

पाद टिप्पणियाँ :

1. इस वसंततिलका छंद की पहली पंक्ति में लघु अक्षर ल के आगे संयुक्त अक्षर म्ब आने से और लघु अक्षर स के आगे संयुक्त अक्षर क्त आने से अक्षर ल और स की लघु मात्राएँ दीर्घ सिद्ध हुई हैं.
2. इस वसंततिलका छंद की द्वितीय पंक्ति में लघु अक्षर क के आगे संयुक्त अक्षर न्द आने से, लघु अक्षर न्द के आगे संयुक्त अक्षर र्प आने से, लघु अक्षर द के आगे भी संयुक्त अक्षर र्प आने से और लघु अक्षर य के आगे संयुक्त अक्षर ष्त्य आने से अक्षर क, न्द, द और य की लघु मात्राएँ दीर्घ सिद्ध हुई हैं.
3. इस छंद की तीसरी पंक्ति में लघु अक्षर भृ के आगे संयुक्त अक्षर ङ्ग आने से अक्षर भृ की लघु मात्रा दीर्घ सिद्ध हुई है.
4. इस छंद की चौथ्थी पंक्ति में लघु अक्षर र के आगे संयुक्त अक्षर न्त आने से अक्षर र की लघु मात्रा दीर्घ सिद्ध हुई है.

(चैत्र मास)

दोहा॰ **चैत्र मास में कोकिला, भौंरों की गुंजार ।**
सुवर्ण करधनी की स्त्रियाँ, होती हैं मनहार ।।

6.25

नानामनोज्ञकुसुमद्रुमभूषितान्तान्हृष्टान्यपुष्टनिनदाकुलसानुदेशान् ।
शैलेयजालपरिणद्धशिलातलान्तान्दृष्ट्वा जनः क्षितिभृतो मदमेति सर्वः ॥

त भ ज ज ग ग वसंततिलका छंद

नानाम	नोज्ञकु	सुमद्रु [1]	मभूषि	तान्तान्
ऽ ऽ ।	ऽ । ।	। ऽ ।	। ऽ ।	ऽ ऽ
हृष्टान्य [2]	पुष्टनि [2]	नदाकु	लसानु	देशान्
ऽ ऽ ।	ऽ । ।	। ऽ ।	। ऽ ।	ऽ ऽ
शैलेय	जालप	रिणद्ध [3]	शिलात	लान्तान्
ऽ ऽ ।	ऽ । ।	। ऽ ।	। ऽ ।	ऽ ऽ
दृष्ट्वाज [4]	नःक्षिति	भृतोम	दमेति	सर्वः [4]
ऽ ऽ ।	ऽ । ।	। ऽ ।	। ऽ ।	ऽ ऽ

पाद टिप्पणियाँ :

1. इस वसंततिलका छंद की पहली पंक्ति में लघु अक्षर म के आगे संयुक्त अक्षर द्र आने से अक्षर म की लघु मात्रा दीर्घ सिद्ध हुई है.
2. इस वसंततिलका छंद की द्वितीय पंक्ति में लघु अक्षर हृ के आगे संयुक्त अक्षर ष्ट आने से और लघु अक्षर पु के आगे भी संयुक्त अक्षर ष्ट आने से अक्षर हृ और पु की लघु मात्राएँ दीर्घ सिद्ध हुई हैं.
3. इस छंद की तीसरी पंक्ति में लघु अक्षर ण के आगे संयुक्त अक्षर द्ध आने से अक्षर ण की लघु मात्रा दीर्घ सिद्ध हुई है.
4. इस छंद की चतुर्थ पंक्ति में लघु अक्षर दृ के आगे संयुक्त अक्षर ष्ट्व आने से और लघु अक्षर स के आगे संयुक्त अक्षर र्व आने से अक्षर दृ और स की लघु मात्राएँ दीर्घ सिद्ध हुई हैं.

(पर्वत)

दोहा॰ **शोभित जिनके शिखर हैं, पुष्पवृक्ष से युक्त ।**
ऐसे पर्बत देख कर, सब होते दुख मुक्त ।।

6.26

नेत्रे निमीलयति रोदिति याति शोकं
घ्राणं करेण विरुणद्धि विरौति चोच्चैः ।
कान्तावियोगपरिखेदितचित्तवृत्ति-
र्दृष्ट्वा ध्वगः कुसुमितान्सहकारवृक्षान् ॥

त भ ज ज ग ग वसंततिलका छंद

नेत्रेनि	मीलय	तिरोदि	तियाति	शोकम्
ऽ ऽ ।	ऽ । ।	। ऽ ।	। ऽ ।	ऽ ऽ
घ्राणंक	रेणवि	रुणद्धि[1]	विरौति	चोच्चैः
ऽ ऽ ।	ऽ । ।	। ऽ ।	। ऽ ।	ऽ ऽ
कान्तावि	योगप	रिखेदि	तचित्त[2]	वृत्तिः[2]
ऽ ऽ ।	ऽ । ।	। ऽ ।	। ऽ ।	ऽ ऽ
दृष्ट्वाध्व[3]	गःकुसु	मितान्स	हकार	वृक्षान्[3]
ऽ ऽ ।	ऽ । ।	। ऽ ।	। ऽ ।	ऽ ऽ

पाद टिप्पणियाँ :

1. इस वसंततिलका छंद की दूसरी पंक्ति में लघु अक्षर ण के आगे संयुक्त अक्षर द्ध आने से अक्षर ण की लघु मात्रा दीर्घ सिद्ध हुई है.
2. इस वसंततिलका छंद की तृतीय पंक्ति में लघु अक्षर चि के आगे संयुक्त अक्षर त्त आने से और लघु अक्षर वृ के आगे भी संयुक्त अक्षर त्त आने से अक्षर चि और वृ की लघु मात्राएँ दीर्घ सिद्ध हुई हैं.
3. इस छंद की चौथी पंक्ति में लघु अक्षर दृ के आगे संयुक्त अक्षर ष्ट्व आने से और लघु अक्षर वृ के आगे संयुक्त अक्षर क्ष आने से अक्षर दृ और वृ की लघु मात्राएँ दीर्घ सिद्ध हुई हैं.

(वियोग)

दोहा॰ वियोग में है जो पिया, पीड़ित जिसका चित्त ।
सुंदर वसंत देख कर, करता दुखी कवित्त ।।

6.27

समदमधुकराणां कोकिलानां च नादैः
कुसुमितसहकारैः कर्णिकारैश्च रम्यैः ।
इषुभिरिव सुतीक्ष्णैर्मानसं कामिनीनां
तुदति कुसुममासो मन्मथोद्दीपनाय ॥

न न म य य मालिनी छंद

समद	मधुक	राणांको	किलानां	चनादैः
। । ।	। । ।	ऽ ऽ ऽ	। ऽ ऽ	। ऽ ऽ
कुसुमि	तसह	कारैःक [1]	र्णिकारै	श्चरम्यैः [1]
। । ।	। । ।	ऽ ऽ ऽ	। ऽ ऽ	। ऽ ऽ
इषुभि	रिवसु	तीक्ष्णैर्मा	नसंका	मिनीनाम्
। । ।	। । ।	ऽ ऽ ऽ	। ऽ ऽ	। ऽ ऽ
तुदति	कुसुम	मासोम [2]	न्मथोद्दी	पनाय
। । ।	। । ।	ऽ ऽ ऽ	। ऽ ऽ	। ऽ । *

* अंतिम 15 वीं लघु (।) मात्रा भी गुरु (ऽ) मानी गयी है.

पाद टिप्पणियाँ :

1. इस मालिनी छंद की दूसरी पंक्ति में लघु अक्षर क के आगे संयुक्त अक्षर र्ण आने से और लघु अक्षर र के आगे भी संयुक्त अक्षर म्य आने से अक्षर क और र की लघु मात्राएँ दीर्घ सिद्ध हुई हैं.
2. इस मालिनी छंद की चौथी पंक्ति में लघु अक्षर म के आगे संयुक्त अक्षर न्म आने से अक्षर म की लघु मात्रा दीर्घ सिद्ध हुई है.

(और)

दोहा॰ वियोग में जो है सखी, पीड़ित जिसका चित्त ।
वसंत सुंदर दुःख का, होता एक निमित्त ।।

6.28.

आम्री मङ्गलमञ्जरी वरशरः सत्किंशुकं यद्धनु-
र्ज्या यस्यालिकुलं कलङ्करहितं छत्रं सितांशुः सितम् ।
मत्तेभो मलयानिलः परभृता यद्वन्दिनो लोकजित्-
सोऽयं वो वितरीतरीतु विनतुर्भद्रं वसन्तान्वितः ॥

म स ज स त त ग शार्दूलविक्रीडित छंद

आम्रीम [1]	ङ्गलम [1]	ञ्जरीव	रशरः	सत्किंशु [1]	कंयद्ध [1]	नुः
ऽ ऽ ऽ	। । ऽ	। ऽ ।	। । ऽ	ऽ ऽ ।	ऽ ऽ ।	ऽ
ज्यायस्या [2]	लिकुलं	कलङ्क [2]	रहितं	छत्रंसि [2]	तांशुःसि	तम्
ऽ ऽ ऽ	। । ऽ	। ऽ ।	। । ऽ	ऽ ऽ ।	ऽ ऽ ।	ऽ
मत्तेभो [3]	मलया	निलःप	रभृता	यद्वन्दि [3]	नोलोक	जित्
ऽ ऽ ऽ	। । ऽ	। ऽ ।	। । ऽ	ऽ ऽ ।	ऽ ऽ ।	ऽ
सोऽयंवो	वितरी	तरीतु	विनतु [4]	भंद्रंव [4]	सन्तान्वि [4]	तः
ऽ ऽ ऽ	। । ऽ	। ऽ ।	। । ऽ	ऽ ऽ ।	ऽ ऽ ।	ऽ

पाद टिप्पणियाँ :

1. इस शार्दूलविक्रीडित छंद की पहली पंक्ति में पहले लघु अक्षर म के आगे संयुक्त अक्षर ङ्ग आने से, दूसरे लघु अक्षर म के आगे संयुक्त अक्षर ञ्ज आने से, लघु अक्षर स के आगे संयुक्त अक्षर त्क आने से और लघु अक्षर य के आगे संयुक्त अक्षर द्ध आने से अक्षर म, म, स और य की लघु मात्राएँ दीर्घ सिद्ध हुई हैं.

कालिदास के ऋतुसंहार की छंद मीमांसा

2. इस शार्दूलविक्रीडित छंद की द्वितीय पंक्ति में लघु अक्षर य के आगे संयुक्त अक्षर स्य आने से, लघु अक्षर ल के आगे संयुक्त अक्षर ङ्क आने से और लघु अक्षर छ के आगे संयुक्त अक्षर त्र आने से अक्षर य, ल और छ की लघु मात्राएँ दीर्घ सिद्ध हुई हैं.

3. इस छंद की तीसरी पंक्ति में लघु अक्षर म के आगे संयुक्त अक्षर त्त आने से, य के आगे संयुक्त अक्षर द्व आने से और लघु अक्षर द्व के आगे संयुक्त अक्षर न्द आने से अक्षर म, य और द्व की लघु मात्राएँ दीर्घ सिद्ध हुई हैं.

4. इस शार्दूलविक्रीडित छंद की चतुर्थ पंक्ति में लघु अक्षर तु के आगे संयुक्त अक्षर र्भ आने से, लघु अक्षर र्भ के आगे संयुक्त अक्षर द्र आने से और लघु अक्षर स के आगे संयुक्त अक्षर न्त आने से अक्षर तु, र्भ और स की लघु मात्राएँ दीर्घ सिद्ध हुई हैं.

(वसंत ऋतु)

दोहा॰ **कोमल सुगंध आम्र का; सुंदर पलाश फूल ।**
नभ का निर्मल चंद्रमा, वसंत में सुख-मूल ।।

॥ इति वसन्तः ॥

प्रो. रत्नाकर नराले, संक्षिप्त परिचय

नाम : डॉ. रत्नाकर नराले

प्रो. हिन्दी, रायर्सन विश्वविद्यालय, टोरंटो कनाडा

51 वर्ष से कनाडा में हिंदी का प्रसार

शैक्षणिक :

एम. एस्-सी. पुणे विश्वविद्यालय,

पीएच.डी. (आई. आई टी. खड़गपुर),

पीएच.डी. कालीदास संस्कृत विश्वविद्यालय, नागपुर.

औद्योगिक :

प्रो. हिन्दी, रायर्सन विश्वविद्यालय, टोरंटो कनाडा

पूर्ववर्ती प्रो. हिन्दी, यार्क विश्वविद्यालय, टोरंटो कनाडा

पूर्ववर्ती प्रो. हिन्दी, टोरंटो विश्वविद्यालय, टोरंटो कनाडा

अध्यापक हिन्दी, टोरंटो स्कूलबोर्ड, टोरंटो, कनाडा
अध्यापक संस्कृत, टोरंटो स्कूलबोर्ड, टोरंटो, कनाडा

अध्यक्ष, संस्कृत हिन्दी रिसर्च इन्स्टिट्यूट, टोरंटो, कनाडा
अध्यक्ष, पुस्तक भारती, टोरंटो, कनाडा

प्रधानानार्य, हिंदु इन्स्टिट्यूट, टोरंटो, कनाडा 1995 से
प्रमुख संपादक, पुस्तक भारती रिसर्च जर्नल, त्रैमासिक, टोरंटो, कनाडा
मुख्य संपादक, साहित्य सौरभ त्रैमासिक, टोरंटो, कनाडा

मुख्य पुरस्कार:

"संगीताचार्य सम्मान" कनेडियन हिंदू मिशन, स्कारबरो (2020)

"विश्व हिंदी सम्मान" भारतीय विदेश मंत्रालय (मारीशस 2018)

"सरस्वती सम्मान" हिंदी राइटर्स गिल्ड, टोरंटो, कनाडा, 2018

"कला वारिधि सम्मान" अखिल विश्व हिंदी समिति, टोरंटो, 2018

"हिन्दू रत्न" पुरस्कार, कनाडा के 150-वी जयंती महोत्सव पर, 2017
"Artist of the Year Award" Panwar Music and Dance Produ. टोरंटो, कनाडा, 2016

"Author, Linguist and Accomplished Scholar Award" HIL, टोरंटो, कनाडा, 2010

रुची : काव्य, प्रकाशन, संगीत, चित्रकला

भाषाएँ :

हिन्दी, संस्कृत, मराठी, बंगाली, पंजाबी, तमिल, उर्दू, अंग्रेज़ी, फ्रेंच

www.ingramcontent.com/pod-product-compliance
Lightning Source LLC
Chambersburg PA
CBHW071355120626
46546CB00002B/700
9781989416600